[美] 芮妮·迪纳斯坦 (Renée Dinnerstein) / 著    杜丽娟 / 译

西方儿童学习与发展指南丛书

# Choice Time: How to Deepen Learning Through Inquiry and Play, PreK-2

# 选择时间：
## 通过探究和玩耍
## 深化儿童的学习 （幼儿园至二年级）

北京师范大学出版集团
BEIJING NORMAL UNIVERSITY PUBLISHING GROUP
北京师范大学出版社

**版权声明**

First published by Heinemann, a division of Greenwood Publishing Group, Inc.，361 Hanover Street，Portsmouth，NH 03801，United States of America.
Copyright English version © 2016 by Renée Dinnerstein. Translation © 2019 by Du Lijuan. All rights reserved.

北京市版权局著作权合同登记号：图字 01-2018-4845 号

**图书在版编目(CIP)数据**

选择时间：通过探究和玩耍深化儿童的学习：幼儿园至二年级/[美]芮妮·迪纳斯坦（Renée Dinnerstein）/著；杜丽娟/译.
—北京：北京师范大学出版社，2019.5（2024.9 重印）
ISBN 978-7-303-24667-0

Ⅰ. ①选… Ⅱ. ①芮… ②杜… Ⅲ. ①儿童教育－教育研究 Ⅳ. ①G612

中国版本图书馆 CIP 数据核字（2019）第 076191 号

图书意见反馈：gaozhifk@bnupg.com　010-58805079
营 销 中 心 电 话　010-58805530　58808064
编 辑 部 电 话　010-58808898

出版发行：北京师范大学出版社　www.bnupg.com
　　　　　北京市西城区新街口外大街 12-3 号
　　　　　邮政编码：100088
印　　刷：唐山玺诚印务有限公司
经　　销：全国新华书店
开　　本：710 mm×1000 mm　1/16
印　　张：10.75
字　　数：180 千字
版　　次：2019 年 5 月第 1 版
印　　次：2024 年 9 月第 6 次印刷
定　　价：48.00 元

策划编辑：罗佩珍　　　　　责任编辑：罗佩珍　刘晟蓝
美术编辑：焦　丽　　　　　装帧设计：焦　丽
责任校对：陈　民　　　　　责任印制：陈　涛　赵　龙

# 专家推荐序

2018 年秋天，当我第一次看到杜丽娟老师发来的《选择时间：通过探究和玩耍深化儿童的学习(幼儿园至二年级)》(以下简称《选择时间》)译稿时，心中骤然激起了一阵惊喜和感动。当今时代，在整个教育界不断探索如何从"应试教育"向"素质教育"转型的过程中，一本强调玩耍、创造、探究和选择的书籍无疑让人感到像是深吸了一口秋雨后的清新空气——凉爽舒畅。

《选择时间》一书主要探索如何通过探究和玩耍深化幼儿园至二年级儿童的学习。作者在书中总结了相关的研究成果，描述了不同类型的玩耍及其重要性，并具体提出了如何运用多元智能理论创设适合儿童全面发展的"选择时间"活动区角。作者的经验和建议大致包括以下几方面的内容：

- 六个经过验证的"选择时间"活动区角设置蓝图及各种应用变式；
- 对教室空间安排的指导意见，以最大限度发挥玩耍的价值并支持儿童的独立性发展；
- 将活动区角与课程相整合，在设计和规划活动区角方面给予儿童更大的自主权。

关注每个儿童的差异性和独特性也是本书要传达的重要信息。当前，虽然很多学校和幼儿园提出了"以儿童为中心"的教育理念，但要真正将这一口号或贴在墙上的标语转化成实实在在的行动，还需要一些行之有效的策略和方法。《选择时间》一书在这一领域提供了诸多具有建设性的意见或建议，如仔细地观察了解儿童的兴趣、需要和独特性，然后根据收集到的信息为每一个儿童量身定做适合他们发展的学习和探究方案，鼓励儿童在自由型探究和导引型探究过程中逐渐成为自主学习者和终身学习者。

　　现在，我们非常欣喜地看到这本优秀书籍的中文译本。杜丽娟老师在过去一年中付出了大量时间和努力，以将这本书中先进的教育理念和实用的教学方法分享给广大的中国读者。我深信：不论是正在教学第一线的全国幼儿园、小学的教师及教育管理者，还是有志于未来投身教育事业的大专院校学生或是广大关注儿童教育的家长朋友们，都将从这本书中获得有益的教育理念和教育灵感！

霍力岩

北京师范大学教育学部学前教育研究所教授　博士生导师

2018 年 9 月

# 译者序

2017年6月，我第一次看到芮妮·迪纳斯坦的英文原版《选择时间：通过探究和玩耍深化儿童的学习（幼儿园至二年级）》（以下简称《选择时间》）一书。当时，我任职的学校——香港道尔顿学校正在探索如何将"以儿童为中心"的教育理念真正落到实处。我们的管理团队和教学团队共同研读这本书并尝试将书中的文字转化成教室中实实在在的行动。我们还有幸将作者芮妮·迪纳斯坦请到香港，亲自为我们的老师进行一对一的课堂支持和指导。在为期一年多的研习和实践中，我们每个人对"以儿童为中心"的教育理念都有了更加深入的理解和思考。这样深度、优质的教师专业发展机会带来的最直接的好处是：我们所服务的学生真正受益，获得了以教育研究和最优教育实践为基础的高品质学校教育。

然而，香港只是中国版图上一个小小的圆点。将国外优秀教育理念和教育实践推荐给广大中国教育工作者和中国家庭，最终使我们千千万万中国孩子在教育中受益，是我一直以来的美好心愿。所以，当看到《选择时间》的英文原版图书时，我第一时间就想到要把它翻译成中文。我之所以欣赏这本书是因为它回归并关注"儿童"本身，而并非试图用大量华丽和高深的理论掩盖教育的实质。我相信：在未真正了解每个儿童独特的兴趣和需要的前提下，任何听起来悦耳动听的课程都无法真正获得成功，因为"儿童"始终是我们最真实、最重要的课程！

在过去的一年间，我花了大量时间阅读英文原书并多次与作者切磋和讨论一些英文表达的具体含义，力求使中文翻译能更加准确地贴近作者的原意。其中最大的争论出现在对"play"一词的翻译上。在中文出版物中，"play"向来被译为"游戏"，很少有人将其译为"玩耍"，因为在教育领域，"玩耍"一词听起来似乎过于随意，缺乏学术方面的严肃性和严谨性。很多人听到"玩耍"一词时也会本能地抗拒，因为在很多人的内心深处，学校是"学习"的地方，而非"玩耍"的场所。然而，一个不争的事实是：儿童需要玩耍！儿童在"玩"中学习，也在"玩"中成长！"玩"是儿童的天性，具备自然性、自发性、主动性和原创性等特点，而非像"游戏"一样，是别人为儿童设计好的活动。在本书中，我特意将"play"译为"玩耍"，力求回归儿童的天性和本色。这与作者的原意也更加贴近。另外，在翻译"dramatic play"一词时，我发现国内比较流行的译法是将其译为"角色扮演"。然而作者认为这一译法在表述上范围过窄，无法真实表达出其本来的意义，而且听起来相对被动，所以在反复推敲之后，我将其译为"假扮型玩耍"。其实，字词的表述对我而言并不是太重要的事情，我在本书中真正想做的是传达出这样一个信息：每个儿童都是独特的个体。我们需要认真观察每一个儿童，并根据他们的独特性量身定做适合每个儿童发展的个性化学习和探究方案，真正关注每个儿童独一无二的生命成长轨迹，回到教育的原点！

现在，《选择时间》的中文版本终于呈现在大家面前。我非常感恩，在本书翻译和出版过程中，很多朋友为我提供了无私的支持。感谢李昌瑞（Larry Leaven）先生将这本优秀的作品推荐到香港并为我和本书的作者搭建了一座沟通的桥梁；感谢北京师范大学教育学部的霍力岩教授为本书的中文版写推荐序，体现出本书深厚的学术价值；感谢香港道尔顿学校的老师、学生和家长提供的高质量照片，为本书的中文版赋予了更真实的意义；感谢北京师范大学出版社的策划编辑罗佩珍、责任编辑刘晟蓝和版权经理刘杰为本书的出版及版权事宜付出了大量的时间和努力；感谢我的律师朋友杨海江先生在知识版权和法律合同方面给我提供了大量细致而中肯的建议。最后，我还要特别感谢我的先生建东和儿子思达对我翻译此书给予的大力支持，没有他们一如既往的鼓励，我很难在全职工作之余完成这样一项艰巨的工作。感谢大家在教育的旅途中与我结伴同行!

　　教育的旅程还在继续，并将走向更加成熟和辉煌的远方……

杜丽娟　博士

2018 年 9 月　于香港

# 原版序言

　　我第一次见到芮妮·迪纳斯坦（Renée Dinnerstein）是在 20 世纪 90 年代中期。那时候，我在哥伦比亚大学教师学院读写项目中担任研究助理。我的工作是走进纽约市及其周边地区的学校观课，观察老师和学生如何在课堂上参与阅读工作坊（reading workshop），之后再回到读写项目中分享观察记录。那个时候，读写项目正在进行一个变革：从只重视写作到开始关注阅读课程。从简历上看，这确实是一份不错的工作，但对于一个有教育情怀的老师来说，能同时与读写项目的同事和像芮妮这样的老师一起工作更像是获得了一份非凡的礼物。

　　当露西·凯恩斯（Lucy Calkins）把我送到布鲁克林区 321 学校芮妮的教室时，她特别叮嘱我要仔细观察，因为我可以在那里找到"金子"。一天，因种种阴差阳错的原因，我在芮妮的阅读工作坊开始之前来到了学校。她邀请我走进她的教室并解释说现在是"选择时间"。那一天，一切都改变了！从那之后，我每天都会早早到校，因为我不想错过芮妮教室里任何一个"选择时间"。我真的找到了"金子"！

　　在"选择时间"，我很难有机会与芮妮谈话或聊天，因为她始终与学生坐在一起，时而观察，时而辅导，帮助学生通过不同形式的玩耍和探究理解我们生活的世界。她的教室非常热闹——很多活动和对话同时进行着，但一切看起来井然有序，没有任何混乱和冲突。我偷听并观察这些孩子们：两个小朋友坐在一个用冰箱包装纸箱做成的小空间里共同阅读一本书。大纸箱已经被装饰得既舒适又漂亮，里面还有毛茸茸的小靠垫；有几个小朋友把小火车放在地铁地图上挪来挪去，一起学习方位和地图上的各种标记；一组小朋友在教室一角制作一个吊桥模型，在教室另一端有小朋友在积木搭建区建造一座模拟城市。在每一个"选择时间"，学生的活动选择千变万化，如做点心、玩假扮游戏、创作艺术品、观察乌龟……这一切都看起来那么简单并且毫不费力，然而，我总是想深入了解"这一切究竟是怎么发生的""芮妮做了些什么"。

我试图在课堂上找机会问芮妮问题或与她分享学生的言行举止，但发现在课堂上很难找到这样的时间，因为芮妮与学生在一起的时候，她所有的目光和关注点都在他们身上。学生是她的重中之重，任何人或事都无法分散她的注意力。幸运的是我们现在有了这本书。它带我们走到幕后去了解芮妮的教育理念和课程设计，并引领我们真正理解如何创设恰当的、有吸引力的和以儿童为中心的"选择时间"。当读到这本书的时候，我感觉当年在芮妮教室里想要与之进行的对话终于有机会通过文字的形式听她娓娓道来。在这本书中，芮妮分享了关于"选择时间"的故事和秘密。我相信通过阅读这本书，每一位老师都可以在自己的教室里为学生们创造出最真实和最有吸引力的学习及探究机会。

当我在寻找教书机会的时候，芮妮是我选择申请布鲁克林区 321 学校的重要原因。我希望能与芮妮这样的老师一起工作。我们在 321 学校共事了几年。芮妮在所有年级会议中都表现得极为专业。不论发生任何事情，她首先考虑的永远是学生。她遵从自己的良知，帮助我们植根于学生的真正需要。曾经有一段时期，美国对学生的教育期望不断升级。老师们经常会倾心于新的教学时尚或缠绵于新的时髦术语，如严谨、耐力、目标。在芮妮的提问和行动中，她不断地提醒大家：我们真正的工作焦点应该是教好作为每一个独立个体的"**儿童**"，而非那些令人眼花缭乱的"**东西**"。

在我们这个年级组，尽管芮妮比大部分老师更有资历和经验，但她依然非常谦逊。她问问题、分享自己遇到的困难、对"以儿童为中心"的理念坚信不疑。我从芮妮身上学到的最重要也最简单的道理是：教学不是关乎如何令老师满意，而是关乎如何为学生做正确的事情。

在从事教育顾问的那些年中，我曾经请老师们思考在各自的职业生涯中有什么资源是他们不可或缺的，包括三个人、三个地方和三件事情。换言之，"哪些人或事曾经深刻地影响了你并将继续助力你的教师生涯？"如果我自己回答这个问题，我会提到芮妮。在过去一些年中，我和芮妮在各自的发展道路上经常有交集，从我第一次走进她的教室进行教育研究，到我去321学校教书，到有幸参加芮妮和麦特·格拉维(Matt Glover)共同组织的意大利瑞吉欧·艾米莉亚教育之行，再到我们一起参加研讨会同住一个酒店房间。记得我们俩当时都已经筋疲力尽，但拉斯维加斯的灯红酒绿和纷乱嘈杂让我们难以入睡。

共同经历这么多事之后，芮妮已经成为一个让我备感珍惜的朋友。我非常羡慕她和她的家庭，并且意识到她不仅是我专业领域的英雄，而且是能启发我个性灵感的重要人物。

当您读这本书的时候，您将同我一样了解到一个真实的芮妮：她孜孜不倦地倡导"玩耍""探究"和"选择"在儿童早期发展阶段扮演的重要角色，即使在教育氛围被铺天盖地的学校变革、学术严谨及课程改革等时髦术语所覆盖时，她也始终坚持自己的信仰。她曾经在很多学校工作过并帮助不同年级的老师们启动探究式学习模式和创设"选择时间"活动区角。在这些活动中，芮妮帮助与她一起工作的老师们不断提升教学质量，很多老师还参加了自己所在地区甚至国家层面的学术会议，分享各自的教学经验和教学成果。

现在，芮妮通过这本用心之作赋予我们每一个人力量。通过分享教学研究成果和课堂观察记录，芮妮阐述了创设"选择时间"的原因和愿景，并且这些原因和愿景可以迁移到任何一间教室中。即使您从来没有在芮妮的教室里目睹或亲身感受她的教学魅力，相信您在读这本书时也会感同身受，似乎芮妮正坐在您的身边，为她认为正确的事情不遗余力地工作。她忠于自己的理想和价值观，并且永远把关注的目光聚焦于儿童。

凯西·柯林斯(Kathy Collins)

哥伦比亚大学教师学院读写项目顾问

告诉我，我会忘记；

教授我，我可能会记得；

让我参与，我就真正学会了。

——本杰明·富兰克林（Benjamin Franklin）

# 如何使用本书

我写这本书，主要是为了实现两大目标：第一，展示一个强大、真实、基于探究的"选择时间"在幼儿教育中具有的重要性和影响力。第二，为幼儿教师提供实施"选择时间"活动区角所需要的一切支持和帮助。

## 本书的结构

我们可以按内容将本书分为两部分。第一部分以第一章"'选择时间'的重要性"开篇。这一章介绍了玩耍为什么十分重要，儿童可以通过玩耍获得什么，以及玩耍有哪些不同的类型。第二章题为"一个会说话的教室"。此章为教室安排和布局提供了切实可行的方案，列出了所需的关键材料，并提供了幼儿园至二年级关于"选择时间"的安排和计划的建议。第一部分的最后一章"一个充满选择的教室"将讨论重点集中在对"选择时间"的管理上，包括如何规划各活动区角、如何实施可预见的课堂活动规则和如何使用工作坊模式（workshop model）介绍不同的活动区角。此外我还回答了老师们提出的一些常见问题。

第二部分着重介绍了经常被我称为"选择时间的土豆和肉"的部分，即"选择时间"的具体内容。该部分包含六个章节，介绍了最有可能成为您教室中常规活动区角的不同活动设置。我描述了每个活动区角设置背后所遵循的设计原理，展示了如何设置不同的活动区角，并列出了开始设置一个活动区角时所需要的主要材料。我还提供了如何介绍不同活动区角的建议，分享了一些有用的迷你课（minilessons）设计方案，并提出了一些有效的活动区角变化策略，以确保活动区角的趣味性，使学生对各个活动区角长期保持新鲜感。此部分还提供了一个实用的活动区角设计模板，供老师们观察、反思并规划每个活动区角的下一步探究方案。

如果您是一位乐于尝试"选择时间"的新老师，您可能有兴趣采用我刚才描述的那些活动区角，并最终独立完成这样的尝试。如果您已经在课堂上使用了"选择时间"，我希望这本书能为您提供一些对现有活动区角如何变化的新想法和新方案。无论是哪种情况，我都希望大家关注本书的核心主旨，即为您的学生量身定做适合他们的活动区角，因为孩子的参与在我们的教学中具有最宝贵的价值。

您可以通过访问我的博客（investigatingchoicetime. com）与我和其他老师继续探讨"选择时间"并分享您的想法和经验。衷心期待您的反馈和分享！

芮妮·迪纳斯坦（Renée Dinnerstein）

# 目 录

站在一旁，

留出学习的空间，

仔细观察和理解孩子们在做什么，

然后，如果你理解到位的话，你也许会发现，

你的教学将与以前大不相同。

——洛瑞斯·马拉古兹（Loris Malaguzzi）

《儿童的一百种语言》（*The Hundreds Languages of Children*）

# 第一章 "选择时间"的重要性

几年前，我女儿来到我的教室参观。那时正好是我们的"选择时间"。她观察儿童怎样探究和玩耍：把假扮区变成医生的诊室；在艺术区用卫生纸卷芯和盛鸡蛋的纸盒子建造太空船；在科学区用螺丝刀将一个旧电话拆散；在玩水的活动区用管子和漏斗"发明"一个机器。我女儿说："我感觉自己像走进了电影《红心国王》（*King of Heart*）！"在这部以第一次世

界大战为背景的法国电影中，为了预警即将到来的入侵，村民们逃到了郊外，却无意中忘记关上小镇精神病院的大门。精神病院里的病人在小镇上闲逛，其间充满了好奇和惊叹。他们兴奋地猜测村民可能从事的各种职业。尽管他们可以想象那些工作的大致面貌，但当他们试图还原自己所理解的真实生活时还是不免加上了一些滑稽的个人猜想和解读。

那天早上，我女儿在我的教室里观察到儿童如何通过参与各种不同的活动令生活充满无尽想象。在"选择时间"，儿童获得充分的机会和自由去尝试新的想法，找寻问题的答案，测试一个个假设，探索新的社交互动，使用各种材料做实验。这些探索和尝试通过传统及非传统方式都可以进行。"我想知道把整个教室围起来需要多少个小立方体。我猜一定超过一百个!"当儿童探究和玩耍时，他们把自己想象成科学家、艺术家、医生、数学家、建筑师，当设计和建构想象中的世界时，他们又觉得自己是发明家。"我们做了一个计划，要建一艘太空船。这是我们画的图。我在一本关于太空的书上找到了一张太空船的图片，所以我

图 1-1　在积木搭建区建一艘船

们画的图上有太空船的所有部分。现在我和奕恩要用积木来建这艘太空船。"

在"选择时间"，儿童的探究和玩耍(play)①充满了想象力，就像肯·鲁滨逊(Sir Ken Robinson，2006)提到的："创造性让你的想象力发挥作用，并且在人类文化中产生非凡的成果。"当然，儿童的想象力完全出于本能。他们不需要任何人教他们如何发明游戏或创造故事。这些是他们与生俱来的能力!事实上，戴安·阿克曼(Diane Ackerman)已经观察到：玩耍是所有动物(蚂蚁除外)生活的一部分，从跨物种的角度来看，玩耍"帮助实现问题解决，能够令一个动物测试它的极限并寻求需要的策

---

① 译者注：本书将"play"一词译作"玩耍"，相关阐释可参见译者序。

略"(2000，p.4)。儿童可以通过玩耍学到令其在生活中获得成功的社会习俗和规则(Brown，2010)。

学前教育工作者从来都理解玩耍在儿童生活中的重要性。玩耍有各种各样的形式。自由玩耍(free play)是儿童自发进行的。儿童在无忧无虑的玩耍中追求无尽的幻想和想象(Hirsh-Pasek & Golinkoff，2003)。一根小树枝可以变成神气活现的海盗手中的一把利剑；一块飘动的布料也可以变成超级英雄的斗篷或仙女小公主的长裙。自由玩耍完全由儿童主导，成人无须介入。

我女儿在我的教室里观察到的玩耍类型通常被称作导引式玩耍(guided play)(Hirsh-Pasek et al.，2008)。这种类型的玩耍是教师有目的、有计划设计的活动，以帮助和激励儿童发展好奇心和创造性。在儿童与他人或与学习材料互动的过程中，教师从旁观察、记录、与儿童讨论，有时也会参与玩耍或指导儿童，然后根据收集到的观察信息做出下一步的教学方案。在整个玩耍过程中，儿童决定如何探索、如何与学习材料互动，而非由教师决定。尽管这两种类型的玩耍在儿童成长过程中都非常重要，但本书主要关注的是如何在教室里以探究型学习方式进行导引式玩耍。

> 在"选择时间"，儿童可以在不同的活动区角探究和玩耍。每一个活动区角都经过教师的精心设计，以支持儿童的持续探究。每个活动区角的设计和材料会根据儿童的兴趣、需要及学习重点而变化。一些常见的活动区角包括：假扮区、艺术区、科学区、数学区、搭建区(积木或乐高)及音乐区。

## 认识不同形式的玩耍

在正式上幼儿园之前，儿童已经通过与其他小朋友或与成人玩耍自然地学习和成长。这种学习基本上不需要付出太多努力，是玩耍产生的自然结果。所以，教室里所进行的各种教育实践最好能将"玩"所带来的自然能量融入其中。2012 年，美国幼儿教育协会(National Association for the Education of Young Children，NAEYC)在一份文件中指出儿童的玩耍具有多种优势。本书第七章图 7-1、图 7-3(本书 99~100 页)是两张儿童在假扮区进行有关"诊室"的想象型玩耍的照片。我们以这两张照片为例来讨论玩耍的优势：

- 帮助培养自律：儿童轮流扮演不同的角色。一个儿童想现在就做医生，但必须先等待，轮到自己时才能做。
- 促进语言发展：根据儿童的经验，他们通过使用特定的词汇进行有关诊室情境的沟通和交流，如发烧、X光片、药。
- 促进认知发展：所有儿童必须认真思考如何在所处的情境中有目的、有计划地玩耍，如"我现在在医生诊室里，我下一步应该做什么"。
- 提升社交能力：由于儿童在一起玩耍时获得了很多成功和快乐的体验，每个儿童都能从自己所扮演的角色中获得鼓舞。
- 给儿童提供探索世界的机会：在假扮型玩耍中，儿童把真实的世界带入其中，在安全的环境中自由探索世界，如今天探索医生诊室，下星期可能进行野营探险或消防局探险。
- 给儿童提供互动的机会：儿童很难一个人玩"诊室"游戏，所以他们必须相互沟通、合作完成并共同解决问题。
- 给儿童提供机会表达自己并控制自己的情绪：各种与情绪有关的话题都可能在玩耍时涉及，如公平、接纳或排挤、理解、不同的期望、成功与失败等。
- 帮助儿童发展问题解决能力：两把椅子并排放在一起可做医生的检查床，但是不够长，无法让病人躺下，所以要再加两把椅子。
- 给儿童提供机会练习早期读写技能：医生写了一个诊断书，儿童需要认真地读出来，如"感冒药"。

所以，当儿童参与各种不同类型的玩耍时，他们不仅在"玩"，而且在学习。玩耍是儿童学习的动力！

## 儿童在"玩"方面所面临的挑战

美国幼儿教育协会清楚明确地提出玩耍是适合儿童发展的重要实践活动。由此您可能会觉得美国所有的幼儿园教室一定都拥有充裕的玩耍时间，但事实并非如此。无论是在校内还是在校外，很多玩耍的机会已经从儿童的生活中消失。那些坚信玩耍在儿童发展中起重要作用的教师通常会在当今的教育大环境中产生挫败感。《国家公共核心课程目标》（Common Core State Standards）、教师评估、高水平测试渐渐夺走了我们对教育的关注，对儿童来说，真正最重要的东西反而越来越被忽视。

学习记录和数学测试侵吞了大量的玩耍时间。美国儿童联盟(Alliance for Childhood)倡导小组出版了一份题为《幼儿园危机》(*Crisis in the Kinder-garten*)的报告，严正指出了当前的教育变革给幼儿教育所带来的危害，即："公立幼儿园从作为培养儿童热爱学习的场所转变成儿童和教师都备感压力的地方。在幼儿园里，教师被迫按脚本授课，遵循千篇一律的教学目标，持续不断地评估儿童的表现。"(Miller & Almon，2009，p.15)该报告进一步指出幼儿园已经"不再是美好的乐园，而是充斥着压力和烦恼的地方"。

当然，这种压力和烦恼所带来的影响远远超出了学校和教室的范畴。2012年，美国儿科学会(American Academy of Pediatrics)发表了一篇题为《玩耍在提升儿童健康发展和保持亲密亲子关系方面的重要性：关注贫困儿童》(*The Importance of Play in Promoting Healthy Child Development and Maintaining Strong Parent-Child Bond：Focus on Children in Poverty*)的文章。文章警示大家：

> 为了有效地保证经济困难儿童在生活中拥有足够的玩耍时间，学校对玩耍时间的设置必须受到保护。在学校教育中，对儿童社交和情绪发展、健康发展的支持必须与提升学业成就并重并行，否则学校在运行过程中将苦不堪言，学校为培养更优秀的下一代所付出的一切努力也将宣告失败。
>
> (Milteer，Ginsburg & Mulligan，2012，p.209)

然而，一位幼儿园老师有可能做到对儿童社交和情绪发展、健康发展的支持与提升学业成就并重并行吗？我相信是可能的，而且以玩耍为基础的课程将为儿童发展提供最好的、全方位的支持。经过深思熟虑的计划之后，那些丰富且具有激发性的活动区角能帮助儿童提升阅读、写作、数学、语音等各方面的能力，同时也能为儿童提供机会成为活泼快乐、独立自主和富有创新精神的学习者和思考者。之后的章节将具体介绍和描述各个活动区角，但首先我们要理解玩耍本身具有哪些特质以及关注玩耍的课程可通过哪些方式设置。毕竟对教师来说，能够具体地与家长、学校管理层或校园参观者分享如何在课堂上实现学与玩并重并行显得尤为重要。

## 各种类型的玩耍

如果再次回想我女儿来到我的教室参观的情景，她看到的一切活动都可被简单地称作"玩耍"。然而，"玩耍"是一个很宽泛的字眼。几乎所有的活动，只要具备"玩"的特性，都可被称作"玩耍"，并且具有之前讨论过的各项优点。但是，不同类型的玩耍要求不同程度的思考、行动和互动。当设计以玩耍为基础的课程时，了解这些不同之处非常重要，因为这将帮助我们把不同的活动设计与相关的学业领域联系起来。

为了具体描述幼儿园中的玩耍状况，《幼儿园危机》(Miller & Almon，2009)将玩耍分为 12 类，其中 3 类——打闹型玩耍、探险型玩耍、大肌肉运动型玩耍——大多发生在户外，不是本书讨论的重点。（如欲了解更多关于课间休息和户外玩耍的信息，可参考 2010 年出版的《尽情玩耍：一所公立学校运动场上的生活和学习》(*Playing for Keeps：Life and Learning on a Public School Playground*)一书。该书作者为黛博拉·米尔(Deborah Meier)、布兰达·安吉尔(Brenda S. Engel)和博思·泰勒(Beth Taylor)。其余 9 类都是支持儿童社交、情绪、创造性和智力发展的玩耍类型，是本书讨论的重点。

### 艺术型玩耍(Artistic Play)

在艺术型玩耍中，儿童使用各种不同的材料创造和表达个人想法或审美情趣。一个完美的艺术区应该包含艺术创作需要的所有材料，如黏土、绘画工具、拼贴用品等。那些善于思考的儿童在艺术区特别关注如何将各种材料用到极致。艺术型玩耍是以"可能性"为导向的活动，如儿童会考虑"我能用这些颜料和那张大纸画什么呢？"（如图 1-2），而且在玩耍过程中通常会不断改变自己的想法。艺术型玩耍也可能与其他活动同时出现，如一个在科学区探索树叶的儿童可能会决定在艺术区画一棵树使秋天的颜色跃然纸上。

图 1-2　我可以画什么

### 感官型玩耍(Sensory Play)

需要运用各种感官(触觉、味觉、视觉、嗅觉、听觉)的玩耍都可被称作感官型玩耍。感官型玩耍涉及思考并比较相同与差异(如这个粗糙,那个光滑)以及感官之间的相互联系(如这支铅笔上的橡皮闻起来有肉桂的味道)。一个活动区角可能专注于一个或多个感官活动,也可能与其他各种不同的玩耍融为一体,如手指画是艺术活动也是感官型玩耍;探索贝壳的儿童自然会触摸贝壳并注意到贝壳纹路的不同;给硬币分类的儿童自然会闻到不同金属的味道;玩水和沙子的儿童会有很多机会加强自己各个感官的能力。

### 精细动作型玩耍(Fine Motor Play)

儿童玩拼图、缝枕头或布娃娃、用珠子串项链、在科学区和数学区将材料分类,都是在进行不同形式的精细动作型玩耍。这种类型的玩耍能帮助儿童获得心手协调能力(如"我怎么能把线穿过针眼")(如图1-3)并发展适用于写作、绘画和其他生活所需的技能。各个活动区角都可能包含精细动作型玩耍,当然一些不期而遇的机会也会自然而然地与此类玩耍同步出现。例如,一个螺丝钉从显微镜上掉下来,我们必须使其复位,这便是精细动作与科学的完美结合。

图1-3 一个幼儿园小朋友正在穿针引线,这项活动能促进其小肌肉发展

### 规则型玩耍(Rule-Based Play)

由于受到规则的约束,卡片类或棋盘类游戏所涉及的思维形式与其他种类的玩耍有很大差异。一个儿童在玩"跳棋"或"四连环"时必须遵循一定的步骤,理解预定的目标,运用复杂的策略。当然,输赢也是规则型玩耍中不可或缺的部分。你可以在不同的活动区角加入卡片类或棋盘类游戏,也可以邀请儿童发明和设计自己的游戏,然后教其他小朋友游戏规则和策略。

### 掌握型玩耍(Mastery Play)

儿童用积木搭建物体时,积木不再反复地掉下来,证明他们已经掌握了平衡技能。如果一个儿童能根据事先画好的图纸用拼插积木搭建一座桥，那就说明他已经掌握了如何有效地使用那些拼插材料。在此类玩耍中，儿童在不断"尝试—犯错—再尝试—再犯错"的过程中逐渐掌握一种或多种技能。深入参与此类玩耍的儿童能够很好地将他们的思考力迁移到未来的学习和生活中，因为他们知道只要坚持不懈地努力和尝试，最后就一定能获得成功。此类玩耍可根据儿童不同技能的发展需要与其他各类玩耍结合进行。

### 建构型玩耍（Construction Play）

任何与搭建有关的玩耍都可被称为建构型玩耍。积木区是典型的建构型玩耍场所。根据清楚的搭建目标，儿童运用不同大小和形状的积木搭建各种类型的结构，从船到桥，再到摩天大楼。在建构型玩耍中，儿童展现出丰富且多样化的思维能力，这些能力是以设计为导向的。在玩耍中，他们合作解决问题并共同发展语言技能。各种积木的排列和组合（如一条长积木的长度等于四块小积木的长度）又可以帮助儿童内化所学的数学概念，如认识对称，理解平衡、重量和角度概念。尽管积木搭建区特别为建构型玩耍而设，但儿童也可以同时在这个区域为假扮型玩耍设计木偶剧的布景或建造幻想小屋里的家具。

### 假扮型玩耍（Make-Believe Play）

假扮型玩耍在任何时候都可能发生。只要听到儿童说"我们假装……"，假扮型玩耍就已经开始进行了。用积木做了一艘太空船之后，儿童会自然而然地假装自己是宇航员飞到了其他星球。即使儿童正在数学区操作一些图形或塑料片，他们也可能会突然决定将那些图形当作珠宝，而把自己当成海盗，把那些珠宝都抢走了。假扮区是专为假扮型玩耍而设的，里面有各种不同的道具，并为儿童提供各种不同的想象情境。在参与假扮型玩耍时，儿童的思维十分活跃，他们充满幻想，练习新的词汇，对社会关系进行谈判并尝试解决发生在玩耍中的各类问题。

### 象征型玩耍（Symbolic Play）

象征型玩耍是在玩耍过程中把一种东西当作其他东西，如一个儿童手里拿着一块木质积木说"这是一头狮子"，然后大声吼叫，使自己沉浸于这样的象征型玩耍中，将想象与真实生活结合起来。有时候儿童专门参与象征型玩耍，但更多时候他们会将象征型玩耍融入其他类型的玩耍。

例如，刚刚提到的那块被当作"狮子"的木质积木可能很快在假扮型玩耍中又变成一部手机，用来拨打火警电话。从某种程度上说，很多艺术型玩耍都具有象征性，如一个儿童在纸或油布上画一朵花，实际上是把她在花园或花店里看到的东西赋予了象征意义。通过在不同类型的玩耍中使用各种不同的材料创造象征符号，儿童可内化象征与现实之间的关系，最终帮助他们理解印刷读物里的语言文字（Cohen，1988）。

### 语言型玩耍（Language Play）

如果看到一屋子的儿童因听到有人说"我的 pocket 里有一个 wocket"（wocket 一词并无意义，在这里只是为了押韵而创造了这个单词）而笑得前仰后合，你一定知道儿童喜欢语言型玩耍。当他们尝试不同的韵律、重复的句式、有趣的文字组合，当他们讲故事、唱歌、尤其是唱自编的歌曲时，儿童是在进行语言型玩耍并在发展其语言运用能力。儿童在不同的活动区角一起玩耍时，语言型玩耍自然而然地进行着。你会经常发现他们运用富有创意和独具特色的方式使用新的词语，哼唱喜欢的歌曲或描述游戏规则。

理论上，儿童在一日校园生活中应该参与教师精心设计的各种不同形式的玩耍并体验由此衍生的学习经验，进行深度思考。只要教师能根据不同年龄段儿童的发展状况有目的地增加玩耍的复杂度和深度，所有幼儿园至二年级的儿童都能够全面参与这些不同种类的玩耍。举个例子，幼儿园至二年级的儿童可能都在参与与"磁铁"有关的探究和玩耍，但二年级儿童会根据之前的学习经验建构新的学习，我们期望他们在思考方面表现得更具有复杂性和深刻性。

> 为了更好地理解儿童如何自然地参与不同形式的探究和玩耍，你可以在自由玩耍时间用 10～15 分钟观察一组儿童并记录他们做了什么、说了什么，然后将不同的活动分类，如艺术类、感官类、精细动作类、规则类、掌握类、建构类、假扮类、象征类和语言类。你发现了什么？这些发现是否有规律性？某种类型的玩耍是否占据了主导地位？某些儿童是否对某些类型的玩耍更感兴趣？

## 关注儿童的差异性

理解不同类型的玩耍对发展以"玩"为基础的课程十分重要，就像理解儿童如何以不同方式体验玩耍一样重要。更加细致的观察可以引发我们思考儿童如何将他们的长处、兴趣及风格带入不同的玩耍。观察一个忙碌的教室一段时间之后，你会发现某个儿童在组织假扮型玩耍的情境过程中总是扮演领导者的角色。你也会发现愿意安静地一个人工作（如图1-4）或倾向于在人数偏少的小组中活动的儿童，对任何事物都有更加仔细的观察。你可能还会发现有的儿童总喜欢就如何令工作更有效率给别人提出建议，而有的儿童对任何可以进行身体运动或发出声音的活动表现出特别的偏好。

图 1-4　一个儿童在花时间独自写作

我们在教阅读和数学时，会根据每个儿童的需要进行差异化教学，在以"玩"为基础的课程中进行差异化教学也十分重要。在设计活动区角时，我们必须认真考虑儿童的需要及儿童是否具备足够强的能力与学习材料或其他儿童互动。霍华德 · 加德纳（Howard Gardner）的多元智能理论为思考儿童参与探究和玩耍的不同方式提供了一个有用的基础框架。当一个以"玩"为基础的课程支持多元智能理论的优势和倾向时，这一课程会变得更加有效。

在《智能的结构》（*Frames of Mind*）一书中，加德纳描述了九种不同的智能并解释道："在日常生活中……这些智能典型的工作方式是相互融合，因此每一种智能各自所发挥的主动性可能并非那么显而易见，然而在适当的观察视角被强化时，每一种智能特有的性质就会清晰、有效，有时甚至是令人惊讶地表现出来。"（Gardner，2011，p. 9）每个儿童都有能力将一个以上的智能加以融合，又通常表现出在某种智能方面比其他智能更加强劲的优势。在设计活动区角时，如果能考虑到以下两方面，对提升活动的有效性将特别有帮助：(1)如何在特定的活动区角使不同的学习者都有所收获？(2)如何令活动区角足够开放和多样，以支持不同类型学习智能的发展？现在让我们一起来看看在以"玩"为基础的课程设置中如何对不同的学习智能加以支持。

### 语言智能

具有高语言智能的儿童在口头语言和书面语言两方面都表现优异。他们喜欢用语言表达自己并在真实生活中运用语言。字母区、写作区、诗歌区都能为书面语言发展提供特别的支持，你也可以考虑在所有的活动区角都放置纸和笔，以使那些对"写"有兴趣的儿童随时将他们在探究和玩耍中的经验或想法以做笔记、做标牌或写信息的形式呈现出来。在口头语言方面，假扮区能为儿童提供很多机会玩文字游戏、编故事或有目的地运用语言。那些具有优异语言智能的儿童可能还喜欢表演、创造手偶游戏或将自己的主意和想法记录在笔记本上。

### 音乐智能

一个具有音乐智能的儿童对周围环境中出现的各种声音都非常敏感并且能发现声音的规律。这类儿童喜欢去音乐区，在那里他们有很多机会尝试使用韵律和乐器做音乐方面的实验，也可以创作并记录自己的音乐作品(图1-5中的儿童正在创作自己的音乐)。其他活动区角也可以支持音乐智能的发展。例如，如果一个班级的儿童正在学习和探索不同的

图1-5 在音乐区创作自己的音乐

鸟类，教师就可以专门创设一个"倾听角"，使他们有机会听到并分辨不同鸟类的歌声。另外，当儿童表演故事时，也可以鼓励他们加背景音乐或在学习数学时将数字编成歌曲唱出来。基本上，任何你能想象出来的将音乐或歌曲融入游戏和玩耍的方式都可以支持音乐智能的发展。

### 数理逻辑智能

具有优异数理逻辑智能的儿童能够很快地认识图形，解决问题，理解抽象的信息图表。毫无疑问，数学区的设置会支持数理逻辑智能的发展，你也可以考虑将学习数学和解决问题的机会融入其他活动之中，如：你可以在积木搭建区放置卷尺或者在假扮区的想象商店放置一个计算器。具有数理逻辑智能的儿童可能还喜欢将逻辑思维运用到探究和提问中，他们会非常乐于参与调查访问类的活动，在那里访问自己的同学，收集和解读数据，然后创建一个文件（可能是条形图或饼图）来描述他们的调查结果。

### 空间智能

具有优异空间智能的儿童特别善于思考一个空间可以被如何利用及有哪些可能性，如摆放家具、设计用积木建造的村庄的布局、整理层架和储物间等。通过运用空间智能，一个儿童能看到一幅画的透视关系，理解一个故事或一篇文章是由不同的部分组成的。任何与"计划"或"设计"相关的材料都可放到某些活动区角，以帮助发展儿童的空间智能，即使只是假扮区的一些故事板。

### 肢体动觉智能

具有优异肢体动觉智能的儿童每天最享受的时光通常是在体育馆和户外操场度过。他们的身体需要动来动去，他们更喜欢主动地用身体进行各种艺术或搭建项目，而非被动地进行一些安静的活动。他们对假扮区或积木搭建区表现出极大的兴趣。一旦理解了儿童肢体动觉智能的重要性，你就可以运用这种智能帮助他们全身心地投入各种不同类型的活动。例如，有些儿童可能从来都没有兴趣去数学活动区，却会高高兴兴地到户外玩"跳房子"的游戏，一边将身体跳来跳去，一边根据掷骰子所出现的数字进行加法和减法运算（如图 8-2）。再如，在英文字母活动区，一组儿童可能会用他们的身体摆出不同字母的形状，然后将这些字母拍照，再做成一本字母书。对老师来说，最重要的是能想象出各种不同的方式，尽可能地创造机会，使儿童用整个身体参与学与玩的全过程。

### 人际智能

具有优异人际智能的儿童对别人的感受极为敏感，他们经常能注意到哪些小伙伴有点难过，然后去安慰他们。这类儿童尤其喜欢参加能与其他小伙伴积极互动的活动，如小组活动，特别是在阅读角与朋友一起读书（如图 1-6）或在艺术区与其他小组成员共同完成一件艺术作品。在假扮型玩耍中，这类儿童通常会扮演关爱别人或照顾别人的角色。人际

图 1-6 在阅读角与朋友一起读书

智能的发展需要整个班级像一个真正的社区，支持所有儿童发展人际智能，即使有些儿童并没有表现出在这方面的明显优势。在帮助儿童运用人际智能玩耍的过程中，与他们讨论"如何关注别人的情绪和感受"可以成为引导儿童与他人有效交往的第一步。

### 内省智能

具有优异内省智能的儿童非常自信。他们善于表达自己的感受并能寻求特别的帮助。这类儿童在具有挑战性的活动中表现得更有活力，尤其是那些将课堂学习加以延伸的活动。为了支持内省智能的发展，最重要的是在玩耍过程中观察儿童，然后根据每个儿童的兴趣和特点为他们创设新的、更加令人兴奋和更具有挑战性的玩耍与活动项目。

### 自然智能

具有优异自然智能的儿童非常留意周边的环境。这类儿童能辨认出纽约市的每一条地铁线路或者能记住必须经过 3 个酒店才能到达某个公园。他们能发现环境中的规律并且对物体、人类、动物之间如何互动非常感兴趣。一个人的好的方向感来自自然智能，在这方面具有优势的儿童可以通过绘制地图或制作校园指引等活动将这一智能的发展加以延伸。如果我们将假扮区重新设计成一个全班儿童共同探究的活动场所（如消防局、超级市场或理发店），那些具有优异自然智能的儿童将会特别关注细

节，以使其创设的环境与真实世界更加接近。总而言之，任何在户外进行的、有助于儿童发现并探索周围环境的玩耍类型都将支持儿童自然智能的发展。

### 生存智能

具有生存智能的儿童对"生活和生存"话题往往有很多"大"的想法并且会问很多具有挑战性的问题，如星星是如何飞到天上的？为什么星星不会掉下来？你觉得有一天人类会长生不死吗？我们不一定必须回答这些问题，但可以引导儿童探索，而且最重要的是我们支持这样的探索。为了鼓励这类儿童，我们可以考虑在教室里创设一个研究中心（如图 1-7），儿童可以使用互联网或工具书查找和记录与自己的研究问题（或整个班级的研究项目）相关的信息。一个为儿童提供机会观察天空、观察人或动物的活动区角，能够有效支持与"生存"类问题有关的思考。在调查访问活动角，这类儿童可能会提出一些抽象的、高阶的问题。对于这类儿童，一些"大"的探究话题可能随时会出现，所以教师可以考虑在教室中创建一面"问题墙"或提供其他空间，以方便儿童随时把自己的想法或"大"问题记录下来。

图 1-7　有关"消防局"的研究

如果我们期望儿童具备创造性思维能力，并将各自的学习体验与课程建立有趣的联系，我们需要像尊重成人一样尊重儿童，因为他们也有很多独特的互动、探究、记忆和学习方式。通过精心准备和策划，你可以在"选择时间"将不同类型的学习者吸引到丰富多彩的活动之中。

多元智能理论可用作观察儿童的一个有用视角。当你收集儿童整个学年的观察记录笔记时，请考虑从多元智能这一视角定期回顾这些观察记录，如通过一段时间的观察，你发现了什么？儿童的选择、行动和互动是否表现出在某项智能方面独特的优势？你是否找到了某些方式能够更加有针对性地帮助每一个儿童从各自的长处出发去探索世界？

## 关注儿童兴趣的教学计划

在一组新学生入校之前，我们通常会根据自己的过往经验及多元智能理论在教室中设置丰富多彩的活动区角，以等待他们前来探索。这样的准备工作具有以下几个目的：

• 它提供了一种多层次的教学设计；

• 它为如何有效安排每个活动区角提供了清晰的框架；

• 它帮助我们准备好必要的教学工具和材料；

• 它帮助我们从教育和学习的视角自信地向家长、同行和学校管理者清楚地解释儿童在每一个活动区角究竟在做些什么。

一旦儿童走进了教室，一种不同类型的教学设计就开始了——所有的教学计划都必须依据每个儿童独特的经验和兴趣而制订。没有任何两组儿童是完全一样的，即使是同在一个班的儿童，两个月之后与现在相比也会大不相同，所以随着活动区角和玩耍类型选择的不断变化，我们除了要关注儿童不同的学习风格和学习方式之外，还要关注他们的兴趣。这也是为什么活动区角的设置一定要基于对儿童的仔细观察。活动区角的设置还必须是持续的、流畅的，并能根据儿童的需要进行适当的调整。

在设置好并向儿童介绍了不同的活动区角之后，我们需要认真观察他们如何使用那些活动区角并特别注意哪些儿童对哪些活动区角表现出极大的兴趣，以及哪些儿童对哪些活动区角似乎不理不睬。我们还需要认真倾听，如儿童正在说些什么。在观察和倾听的过程中，我们可能会发现儿童在某一方面具有特别的兴趣，并考虑如何将这些特别的兴趣有针对性地加入活动区角的玩耍和活动之中。举个例子，如果我们发现一组儿童对各种玩具车特别感兴趣却不愿离开艺术区，我们可能需要将艺术区的活动重点转移到设计和建构不同种类的交通工具。我们可以设计一堂迷你课，让儿童以"头脑风暴"的形式分享他们想建构哪些种类的交通工具，然后请儿童使用绘图纸、铅笔和尺子将创作计划画出来。还可以让儿童使用工具书和图片进行有关交通工具的研究。在这一项目行进过程中，我们要不断地观察，了解项目的发展情形，并计划下一步的行动方案，如我们是否需要安排更多的迷你课有针对性地教儿童一些对他们的设计和建构有用的内容？是否需要准备一个架子将儿童完成的作品展示出来？是否邀请儿童写一写、画一画他们创作的交通工具或给某些图表贴上标签？

随着时间的推移，活动区角的设置计划还必须反映班级整体的学习兴趣和需要。举个例子，如果一个班级对"社区"这一主题的研究已明显引出儿童对"桥梁"的特别兴趣，活动区角的安排就需要以这一兴趣为导向。我们可以尝试以下几项活动：

- 在积木搭建区和艺术区加入有关桥梁的书和图片。
- 提供搭建桥梁所需要的艺术材料，如硬纸板条、绳子、毛线等。
- 鼓励儿童在数学区使用不同形状的学具（三角形、正方形、长方形）建构桥梁。
- 在阅读角加入与桥梁有关的图书。

我们也可以将活动区角与阅读工作坊结合起来。例如，如果儿童正在学习和研究民间故事，我们就可以在积木搭建区放几个小猪模型和《三只小猪》（*The Three Little Pigs*）这本书，以鼓励儿童将这个故事以另一种方式重新加以创作。通常来说，几个很小的道具就足以启迪儿童将眼前的东西与所读的故事自然而然地联系起来。

当我们在各个活动区角观察儿童并与其互动时，我们所想的事情需要同时关注"现在"和"未来"两个层面，即我们既要认真思考现在正在发生的事情，也要周密计划如何将各活动区角加以拓展，更好地支持儿童下一步的探究和发展。这种"即时性"的教学计划使我们能够完全聚焦于这一组儿童的独特优势和兴趣，确保能提供他们所需要的关注和解释，以支持他们的持续探究。

## 与家长沟通

所有家长都希望自己的孩子获得成功。人们对"成功"的定义可能各不相同，但没有人希望自己的孩子不开心、不成功。一些家长能较好地理解探究、玩耍和选择对孩子成长的益处，但也有一些家长担心以"玩"

为主的选择活动会过多占用宝贵的课业学习时间。教师应打开与家长积极沟通的有效渠道，令家长充分了解课堂教学的真实状况，这是教师不可推卸的责任。

有些家长非常愿意收到来自学校的每周或每月通讯，以了解自己的孩子在学校里做了什么、学了什么。为了传达"选择时间"对儿童的重要性，我们需要优先考虑"选择时间"并向家长具体描述和解释孩子们在"选择时间"是如何进行探究活动的。我们可以在每一期的通讯中重点介绍一个或两个活动，描述活动区角的玩耍是怎样进行的以及如何将阅读、写作和数学学习融入其中。如果孩子们在科学区探索磁铁，我们可以在通讯中与家长分享以下几样东西：一张记录单（上面有孩子们记录的关于磁铁能够吸起哪些物品和不能吸起哪些物品的实验结果清单），几条来自老师的观察记录，孩子们就这一科学现象所进行的对话的文字转录摘抄。

我会在每月初发给家长一张班级教学计划表，这种方法的效果很好（见表1-1）。除了展示每一天的教室运行流程之外，我还加入了其他内容，如我们的阅读书目，阅读、写作和数学学习的重点，社会学和科学探究项目，在"选择时间"出现的一些突出亮点等。家长们期望获得这些信息，如果没有按时收到，他们还会抱怨呢！家长通过浏览这样的计划表了解自己的孩子每一天做了什么，并且能够根据这些信息与孩子深度地谈论学校生活，当然我也会和家长说清楚这样的时间表只是大致的教学计划，我们不一定能完全按照表上的内容进行每一项活动。最重要的是在这样的沟通过程中，家长把我看作他们的合作伙伴。作为教师，我们也需要把家长看作我们的长期合作伙伴和盟友。毕竟他们如此信任我们，以至于把自己最珍视的宝贝都送到了我们手上！

**表 1-1　使用课程表与家长沟通**

班级：幼儿园 2-239 班　　教师：肖妮·迪纳斯坦（Renen Dinnerstein）　　禾海妮·萨克（Rohini Thakor）

| 秋季学期 | | | | | | | | | |
|---|---|---|---|---|---|---|---|---|---|
| 星期一 | 8:35 入校和独立阅读 | 9:00 早会 | 9:20 桥梁研究和选择时间 | 10:55 音乐 Gbaje 老师 | 11:40 午餐 | 12:00 分享阅读/阅读工作坊 | 13:00 户外活动 | 13:45 写作工作坊 | 14:40 朗读和唱歌 |
| 星期二 | 8:35 入校和独立阅读 | 9:00 早会 | 9:20 选择时间 | 10:20 数学 | 11:00 户外活动 | 11:40 午餐 | 12:30 分享阅读/阅读工作坊 | 13:10 写作工作坊 | 14:00 朗读 · 14:15 身体运动 Sachs 老师 |
| 星期三 | 8:40 科学（Bell 老师）102 房间 | 9:35 早会 | 9:50 桥梁研究和选择时间 | 11:00 分享阅读/阅读工作坊 | 11:40 午餐 | 12:30 数学游戏 | 13:00 户外活动 | 13:40 朗读 | 14:00 与四年级学生一起读书（与桥梁有关的书） |
| 星期四 | 8:35 入校和独立阅读 | 9:00 早会 | 9:20 选择时间 | 10:20 数学 | 11:10 朗读 | 11:40 午餐 | 12:30 户外活动 | 13:15 写作工作坊 | 14:15 分享阅读/阅读工作坊（每月第三个星期/年级集会） |
| 星期五 | 8:35 入校和独立阅读 | 9:00 早会 | 9:15 社会学习和选择时间 | 10:10 体操 Polsky 老师 | 10:55 音乐 McGarry 老师 | 11:40 午餐 | 12:30 分享阅读/阅读工作坊 | 13:00 户外活动 | 13:40 项目研习小组 · 14:25 朗读和唱歌 |

"选择时间"科学区的探究焦点：蜗牛

社会学探究焦点：桥梁（与四年级的阅读伙伴共同探索）

在"研习小组"（阅读角）中，孩子们正在在为班级的"露营旅行"做准备（小朋友 Lee 与大家分享了一本关于贝贝熊的书之后，孩子们受到鼓舞）。孩子们正在从以下研习主题里选择：树、花、森林中的动物、《金发姑娘和三只熊》（Goldilocks and the Three Bears）、《小红帽》（Little Red Riding Hood）、石头、星星。"选择时间"的一些活动想法从上述研习中获得。

朗读：我正在读《讨厌鬼雷蒙娜》（Ramona the Pest）。

18

# 第二章　一个会说话的教室

　　在著名儿童节目"罗杰斯先生的邻居们"(Mister Rogers' Neighborhood)的开场部分，弗雷德·罗杰斯(Fred Rogers)邀请他的小客人们来到他生活的社区，歌唱美好的一天，并邀请他们成为自己特别的邻居朋友。在每学年大约 10 个月的时间里，从星期一到星期五，教室就是我们与孩子们分享的特别的"社区"。和罗杰斯先生为他的朋友创设了一个安全和温暖的社区一样，我们也在努力为孩子们创造一个温馨和令人兴奋的环境。我们的理想是创建一个学习和探索的实验室，孩子们可以在那里搭建、做实验、创作艺术作品、阅读令人陶醉的图书、写作原创的故事、运用技术和文字资源查阅信息、自由想象和尝试各种各样的可能性。

那是一个孩子们大胆放飞自己的想法、结交新朋友、进行深度学习和探索的理想场所。

新学年伊始，当一个家庭第一次走进孩子的教室时，他们所见的一切将告诉他们很多有关这个小社区的点点滴滴。每一个教室都有自己独特的声音！家具和材料的摆放、墙上贴出的展示，这一切的一切都在告知孩子和家长学校的理念与价值观。教室发出的声音是那样强劲有力，以至于瑞吉欧·艾米莉亚（Reggio Emilia）学校的老师们认为教室是儿童的第二个老师！他们将教室设计成鼓励和培养儿童独立性的场所，他们为儿童提供进行合作学习和创新思考的空间。在参观瑞吉欧·艾米莉亚的幼儿园和小学教室的过程中，我们很容易对这个学校留下深刻的印象：教室布局清晰、干净整洁、美丽的空间充满植物和来自大自然的艺术品。儿童可方便地获得并使用所需的材料，无须老师的协助。在那里，我们明显地感觉到什么是"共同所有权"。

## 教室会说话

每年夏天，一个个堆满了纸箱、桌子和椅子的教室等待着在新学年到来之前摇身一变，成为生机勃勃的学习和探索空间。这样的画面引导我们在教室布置方面做出智慧的决定（如何摆放家具、如何选择材料），以更好地迎接新学年的到来。即使是一个最简单的决定，也有其特别的意义，如将一个玻璃容器放置在与 6 岁儿童视线持平的位置还是将其放置在儿童完全够不到的书架顶层，实际上在传递着截然不同的讯息。当一个教室发出自己的声音时，所有走进这个教室的人都能清晰地感受到它在传递着怎样的信息，例如：

• 欢迎来到这个充满关爱和令人兴奋的地方。

• 你现在已经是这个学习社群的一部分，我们将共同学习、共同玩耍、共同分享。

• 你是这个学习社群中非常独特、重要的一员。

• 在这个教室里，你将成为一个探险家、发明家和科学家。

• 你将会找到不同的方式记录和分享自己的发现。

• 你是一个会读会写的文学家。我们将一起读更多图书，写更多故事（即使年龄很小的儿童也能通过阅读书中的插图重新创作一个个小故事，他们也能够在纸上做出对其有意义的标记）。

- 因为这是一个分享型的学习社群，有时候我们会集中在一起共同分享学习和探究成果。

- 因为你是一个独一无二的个体，有时候你会在一个独立的空间自主学习和思考。

- 因为我们尊重和珍视彼此的想法，有时候我们会在小组活动中互相学习、互相分享。

- 我们在学习社群中彼此尊重和关爱，这不仅限于人与人之间，还包括对所有动物和植物的尊重和爱护。

- 我们将会庆祝彼此所取得的成就。

作为教师，我们所面临的比较大的挑战不是决定一个教室应该传达什么信息，而是如何传达这些信息。

> 请花一些时间仔细观察你的教室。看看家具的安排和布局，看看学习材料的摆放，看看贴在或挂在墙上的东西，然后问自己几个问题：你的教室传达着怎样的信息？你认为哪些东西或理念很重要？儿童如何分享他们的学习体验？你也可以邀请儿童思考相同的问题。你可以问他们：如果我们的教室会说话，你希望它对我们说些什么？

很多老师在暑假中就开始考虑如何设计和布置自己的教室。在整个8月，我们画出教室设计的草图，思考教室布局，同时也思考课程设置。当考虑新学年伊始要教些什么的时候，我们也会预见需要用到哪些学习用品和材料及不同的活动应该在哪里进行。我们预想在哪里进行全班一起的大组学习，在哪里进行小组活动，我们考虑让儿童获得多大程度的独立性和自由度。我们问自己：是应该将所有的活动区角设置好并在开学第一天全部开放，还是等儿童来了之后请他们帮忙设置活动区角？每天的时间表是怎样

图 2-1　8 月，比尔·福贝布莱特（Bill Fulbrecht）正在周密考虑如何使用教室空间

21

的？活动区角每日如何运转？

关于教室布局，我们需要做非常多的决定：设计—尝试—改变—再尝试—再改变，直到学生真的来了，我们会根据儿童使用教室的情况再设计，再做改变。设计出一个对儿童和老师都适用的教室布局，着实是一项艰巨的工作有时也难免会令人气馁和怯步。但我们必须在空间、材料、展示、时间等方面做出智慧的决定，以清楚地表达我们对儿童最真挚的邀请：欢迎加入我们的学习社群！这是一个专属于你的学习和生活场所！我很高兴你成为我们中的一员！

## 空　间

如果一个教室会说话，家具的布局和材料的摆放会告诉我们很多关于这一学习社群的运转情况。儿童应该能看到宽阔的空间和舒适的角落，也能看到介于这两者之间的所有东西。他们设想在这一空间可以有多少种活动的可能性。尽管我们无法控制一个教室空间的大小，但我们可以决定如何有效地使用这些空间。

### 家　具

在教室中摆放一定数量的家具是十分必要的，但我们必须思考两个问题：你有什么和你需要什么。首先，认真考虑每一件家具是否都是必需的。例如，你是否真的需要那张大桌子，能否用一个文件柜或一个小书架代替？如果不要那张大桌子，你会省出多少空间？省出来的空间可以怎么用，可以设置一个活动区角吗？我建议搬走所有不必需的家具，留下那些具有多种用途的家具，如一个玩具柜可以用来放置假扮型玩耍所需的各种道具，同时也可以当作桌子来使用。

另外一个关于家具的重要考量是家具的大小。桌椅、书架的大小及高矮应与儿童的身高相匹配，而且家具不能挡住儿童在教室活动时的视线。书架和文件柜也许能够很好地行使多重功能，如材料存储、作品展示、空间分隔，但如果你在教室中因为被柜子遮挡视线从而不能轻易看到全班儿童的活动状况，这将是个大问题。如果真有这样的情况发生，你可能需要将那些高的书柜和文件柜换成矮的。通常，供儿童使用的教室布局是偏低、偏矮的。

### 布　局

在考虑家具安排和材料摆放时，请思考教室如何用作儿童探索世界的实验室。与其将所有桌子摆放在教室正中央，不如将桌子分开，隔出不同的探究活动区角，为儿童的探究活动做好充分准备（如图 2-2 至图 2-4）。

图 2-2　一个二年级教室的布局

图 2-3　大桌子被放置在距离
活动区角尽可能接近的地方

图 2-4　这位老师将桌子放置
在一个活动区的周围

　　请考虑在一整天之中你都需要哪些空间。大多数教室里都会有至少一个足够大的集会空间，便于全体儿童集中在一起学习和讨论。由于这个地方会占用教室中很大一块面积，所以你需要认真思考把这块地方设在哪里比较合适。集会的地方不应该离教室门口太近，否则，如果有人进出教室，儿童的学习和探究将很容易被打扰。

　　当无须所有儿童集中在一起时，大的集会空间就可以行使其他用途。因为它又大又开阔，所以可以考虑作为儿童运动时的活动区。只要一个活动区角所需要的材料被放置在可移动的存储箱中，集会空间就能快速转变功能。如果儿童不能每天把所需材料持续存放在那里，那些需要长期或连续进行的活动就不宜在集会空间开展。大的集会空间有时还可用作不同小组活动的机动场所，有时也可用作不需要桌子或无须大量空间的区角活动场所。儿童可以在阅读工作坊时间在集会场地独立阅读，也可练习写作。如果空间由书架隔开，也可将它扩展成为教室里的图书馆。

除了集会场地，如何使用其他教室空间也尤为重要。你可以考虑在教室中设置几个专用的活动区域，如在积木搭建区、图书角或窗户旁边摆一张写字用的桌子。在教室中设置专用活动区有几方面的好处。第一，如果预先知道儿童在某个活动区角会比较吵闹，你就会特别将比较安静的活动区角设在间隔较远的地方。第二，如果你将一个专用活动区设在人流较少的地方，儿童将会拥有大量的空间进行搭建和移动，并且不用担心搭建的东西在不经意之间被其他小朋友踩坏。第三，你可以根据专属活动的需要设置专属的活动空间，也可以根据活动本身的性质决定专属活动区的大小和位置。

一个教室中所有的永久活动区角都应设有专属区域，但这一目标能否实现完全取决于教室空间的大小。你必须要看看可用的空间到底有多大或多小，然后考虑如何有效地使用这些空间。你该如何权衡空间的使用？例如，如果你渴望有一个大且开阔的积木搭建区，你可能需要取消假扮区，将假扮型玩耍所需的材料和各种积木都放到集会场地旁边的架子上。事实上，只要所需材料易于存放和移动，任何空间都可成为多用途场所。

除了集会场地和专属活动区之外，你还要考虑日常教室运转中所需的所有区角。需要设置多少个活动区角完全取决于有多少名儿童和有多大地方，有时还要考虑教室中共有多少个成人能够帮忙。我们需要设置足够多的活动区角，以使儿童真正感到有活动可选择。当然，这并不意味着儿童总能够获得自己的第一选择（因为小组中还有其他成员需要做选择），但我们要保证教室里有足够多的有趣活动区角可供孩子选择。

基于儿童人数，一旦头脑中有了一些活动区角选择，你就要花时间看看你的教室，考虑一下每个活动区角设在哪个地方比较适合。儿童需要多大的空间？例如，在艺术区的儿童需要足够大的地方和大量的艺术材料进行大型艺术作品合作创作；在科学区和数学区的儿童可能只需要一张桌子，上面整齐摆放着所有工具和材料供儿童进行科学和数学方面的探索。请记住：任何在"选择时间"供儿童玩耍和探究的桌子也可被用于大组活动中，如数学课和写作工作坊（writing workshop）。你还需要考虑每个活动区角的噪声，应尽量根据噪声的高低将不同活动区角分别设置在教室中的不同位置。

　　一旦决定了所有的活动区角设置在什么地方，最后要考虑的一点是如何保证教室中的交通顺畅。例如，儿童能够方便地从一个地方移动到另一个地方吗？如果不方便，你如何重新设置某些活动区角？或者，你可能需要将某几个活动区角以流水线形式加以设置以使空间得到合理利用。各种材料是否有目的、有计划地放置在合适的地方，以避免过度集中和拥挤？保证教室中的交通顺畅是个微妙且复杂的问题，因为不同的孩子在教室空间走动的方式并不完全相同。可能你去年教的班级在教室中走动完全自如和顺畅，但同样的空间设计方案用于今年的孩子就会出现很大的问题。在新学年开始的几天或几个星期，你需要悉心观察孩子们在"选择时间"使用教室空间的状况，并根据他们的需要随时做出调整。

## 材　料

　　一个教室里应该充满为儿童准备的各种各样的材料：一副放在窗边的双筒望远镜、一个装满彩色扣子的塑料瓶、一篮关于恐龙的书籍。教室里的材料如果会说话，它们会告诉儿童在活动区角能扮演什么角色：读者、作家、数学家、音乐家、艺术家、探险家、演员或建筑师。这里有着无限可能！材料当然也能告诉儿童它们的获取方式。儿童在第一时间就会知道他们能否方便地拿到自己所需要的东西。

　　因为之后的章节会重点关注不同的活动区角需要哪些不同种类的材料，所以我们在这里只讨论材料的收纳和获取方式。你必须决定你希望儿童具有多大程度的独立性。当教室空间和各活动区角清晰划分好区域后，儿童应该能轻松拿到自己所需的材料。对每个活动区角的精心组织和安排，将帮助儿童在探究和玩耍时间有目的地使用各种材料。在学年伊始，我们最好不要把太多的材料一下子全摆出来，而是应该在儿童学会爱护活动区角和准备好深入探究时逐渐加入不同的材料。随着时间的推移，儿童在学校社群中表现出的主人翁精神会随着独立性加强而变得更加明显。

　　当你在考虑如何收纳不同的材料时，请确保在教室的架子或其他柜子上方留出大量的开放空间，以放置或展示儿童需要持续完成的作品（如图 2-5）。由于儿童需要将未完成的作品放置在一个固定的地方并每日持续进行创作，足够大的开放空间将激励他们在一段时间范围内不断完善自己的作品。如果我们为儿童提供充足的时间和空间，他们就会像持续读一本书或完成一篇写作作品一样，完全投入到自己的创作中并持续完成它。

图 2-5　这些层架上展示着已完成和未完成的学生作品

图 2-6　这个架子向二年级学生发出了创造的邀请

## 作品展示

当我们走进一个教室，即使没有看到任何儿童，教室中展示出的一切也会告诉我们很多有关这个教室里的学习和生活状况。如果孩子们正在学习和探究"桥梁"这一主题，教室中可能会充满与"桥梁"有关的图画、模型、照片，儿童写的与"桥梁"有关的诗和故事也会展示在教室的图书角。如果儿童正在探索材料的"循环再利用"问题，教室的架子上会展示出他们用木头、扣子、线绳或其他材料创作的雕塑作品。雕塑旁边是有关这些作品的图画和故事。教室中的作品展示为我们讲述着丰富多彩的学习故事（如图 2-6）。

作品展示还能传达这样的信息——告诉儿童他们极具价值并备受重视。那些从外面买来的挂图是由很多与儿童毫不相干的人员大批量生产出来的产品，因此很难使儿童看到自己的生活与那些商业性装饰品具有任何关联。与其用买来的数字挂图、颜色挂图或教室规则挂图装饰教室的墙壁，不如考虑让儿童自己制作。当他们想到一个最好的图像代表字母 A 或数字 4 并画出来时，这个挂图就会对他们真正富有意义。大家合作创作挂图，如写作策略清单、教室整理程序、集体探究方案，将使教和学对老师和儿童而言更加可视、透明（Mraz & Martinelli，2014）。简·麦克派登（Jean McPadden）是一位曾经在布鲁克林区 321 学校工作过的幼儿园老师。她把教室中展示出的一排排挂图称作"读写晾衣架"。当某些挂图对老师和儿童不再具有参考价值时，我们就先将其摘下，等需要的时候再重新挂上去。

我们知道教室中的挂图能支持和记录儿童的学习，除此之外，儿童的作品展示能清楚明确地表达我们认为哪些东西重要且有价值。当你展示儿童的绘画、雕塑或其他艺术作品时，就表达了对他们在美学敏感度方面的支持和欣赏。儿童工作和玩耍时的照片传达出跟家中的照片同样的信息，它们在说：你在这里生活，这里的空间属于你。当我们把儿童的原创写作作品(非由成人修改过的作品)展示出来时，我们传达出这样的信息：我们接受"不完美"，因为每个人都在学习；当我们展示并炫耀儿童的离奇发明时，即使那个发明并不成功，只是想法大胆、独特，我们也在传达一个重要信息：重视并欣赏儿童的想象和创意；最后，当我们展示出儿童在玩耍和探究时间自己选择创作的作品时，我们传达出这样的信息：我们尊重每个儿童的个性和独立性。让我们设想这样两个教室：一个教室中展示出 25 件一模一样的艺术作品和 25 个以相同句子开头的故事；另一个教室中则充满了各种各样独特的作品。显而易见，后者会带给人们一种截然不同的感受。

## 时　　间

如果教室会说话，在它发出的所有声音中，"时间"应该是最响亮的一个声音！时间的使用方式反映我们对教和学的理念及我们对儿童发展需要的理解程度。就像在循环系统中，心脏泵射出血液为人体提供氧气和营养物质一样，提供丰富多样的选择活动对儿童的健康、幸福以及在智力、社交和情感方面的发展都至关重要。不同类型的活动区角能够为儿童的每日生活提供源源不断的动力、热情和兴奋度(Venes，2009)。

在《儿童发展指标》(*Yardsticks*，1996)一书中，奇普·伍德(Chip wood)描述了 4～14 岁儿童的发展特征。其对幼儿园至二年级儿童的发展特点有如下表述：

• 4 岁的儿童对与动手操做有关的经验感兴趣："磁铁、滑轮、拼图……小勺、小铲、漏斗、量杯"(p.36)。他们喜爱小组活动并积极参与平行游戏(Parallel Play)。他们为学习规则和社交技能做好了准备。

> • 5岁的儿童更喜欢从游戏和玩耍中学习。
>
> • 6岁的儿童喜欢新的游戏，试验新的想法，积极参与复杂的假扮型玩耍，乐于尝试使用新的技能技巧并进行"大量的艺术探索——黏土、绘画、舞蹈"(p.64)。他们是喜爱大型项目的探索家。
>
> • 7岁的儿童更加追求完美。他们不是以过程为导向来参与活动，而是对最后的成品更感兴趣。他们"以强大的好奇心和内在欲望为动力进行探究和发明"(p.72)并乐于与同伴一起工作。

在精心设计的活动区角，我们帮助儿童挖掘他们在"玩"方面的自然本能：我们介绍不同的材料，抛出问题和想法，帮助儿童发展广泛的技能。儿童有机会设定自己的时间表，在玩耍和探究中创设规则和情境(Wood，1996)。儿童尤其喜欢积木搭建，喜欢在科学区玩沙玩水或进行其他科学活动，喜欢在数学区动手操作教具学具，喜欢在假扮区表演真实生活中的情境，喜欢在舒适的图书角与朋友共同分享好看的故事书，还喜欢在艺术区尝试使用不同的颜料和材料进行艺术创作、激发艺术创意。

### 对"选择时间"的安排：幼儿园阶段

由于"选择时间"在幼儿园和学前课程中尤为重要，在任何可能的情况下，我们都应该将其放到正式课表中且在一日安排中开始得越早越好。如果儿童在一天快结束的时候才参与选择活动，我们将很难看到他们集中精力进行合作互动或创意探究。经过一整天的学习和工作，他们早已身心疲惫，对写故事、记录与磁铁有关的发现或创作餐馆菜单等活动已失去兴趣。如果到了一天快结束的时候，儿童还没有获得自由愉悦的选择活动机会，他们通常会把"选择时间"看作没有任何计划性的自由玩耍。当然，儿童每天都需要有固定的时间，按照自己设定的时间表和兴趣，进行完全无须成人介入的自由玩耍(如在操场上)，但"选择时间"的活动设置具有另外的目的。因为我们精心设计了每一个活动区角并严肃对待玩耍的重要性，"选择时间"不应被看作每日放学之前的谢幕曲或对儿童良好行为的奖赏。

根据我的经验，进行"选择时间"的最佳时段是在每天早会和阅读工作坊之间。在早会结束的时候，我会介绍新的材料及其使用策略或一个新的活动区角，之后儿童进行活动选择并到自己选择的区角参与活动（第三章提供了如何帮助儿童选择活动区角的具体策略）。"选择时间"通常在一个简短且专注的分享环节之后结束，然后我们会一起唱那些我们最喜欢的歌曲，以一种快乐的方式进入下一阶段的学习。

当然，有时候一些不可控的因素会影响我们，使我们无法在希望的时间内进行选择活动。在这样的情况下，午饭前一小时或在午饭后的朗读时间之后进行选择活动也是不错的安排。底线是：如果我们相信在"选择时间"进行的玩耍和探究对儿童发展至关重要，我们就要尽力将"选择时间"纳入正式的课表。

### 对"选择时间"的安排：一年级和二年级

在一年级和二年级，儿童各方面的发展都更加成熟，学校对儿童也有了新的课程要求。在每日教学中，想要将"选择时间"融入已被各学术科目和艺术、体育等课程填满的时间表的确很具有挑战，但这并不是完全不可能实现的。很多一年级和二年级老师在区角活动时间将焦点放在为儿童提供探索机会，以延伸和进一步阐述学术课程的学习。我们不一定将这样的活动时间称作"选择时间"，而更适合将其看作探究活动时间，因为类似的活动与教室中进行的探究项目紧密相连。例如，科学课上正在学习生命周期的一年级学生在科学区观察和记录饭虫如何变成甲虫，这将拓展他们对"变形"的认识和理解。正在数学课上学习不同图形的二年级学生可能会在数学活动区探索这些图形的对称性、体积和面积。

纽约一所公立学校的一年级老师艾莱克斯·麦克科莱兰德（Alexis McClelland）曾经和她的学生共同研究纽约的地铁系统。她提供的选择活动让学生有机会深入探究这一课题。她每周为学生提供两次活动机会，每次一小时，而且她选择的活动时间都在学生精力充沛且愿意参与合作活动的时候。学生有如下活动选择：

• 比较不同城市的地铁地图并为自己想象中的城市创作一张新的地铁地图，重点包括车站和路线。

• 调查同学中乘坐地铁的人数，制作一张图表总结调查结果并与全班分享。

• 以照片和图画为参考，设计地铁车厢模型。

• 创作一首能展示在地铁车厢广告牌的诗（文字加配图）。

• 创作一幅地铁壁画。

- 用积木搭建地铁车厢。
- 使用互动白板研究各种地铁线路如何连接不同城市的地标式建筑，设计班级旅行并将地标式建筑画下来。
- 在假扮区创建一个地铁车站（包含旋转栅门、指示标、座椅、付费卡等）。

面对一个被数学、科学、阅读、写作、词汇学习、社会学等科目排满的二年级课程，另一位纽约市的老师瑞秋·斯卡沃思曼（Rachel Schwartzman）认真思考了"如何"和"什么时候"能让她的学生参与选择活动。她决定用活动时间来扩展学生对"城市建筑"这一课题的研究。由于她的班午饭时间较晚，所以她每星期拿出一个下午的时间让学生开展他们的研究项目。

参观完城中不同的地标建筑之后，每个学生设计了自己的建筑，然后学生们以小组的形式（如图 2-7）选出一个设计方案，再用教室中能找到的材料共同搭建出来。学生的合作包括讨论究竟选用哪个设计方案：有的小组将不同设计中的元素汇总整合，以令所有团队成员都满意；有的小组则共同选出一个设计方案，然后使用吸管、铝箔、牙签、黏土和其他材料（木质积木和乐高积木）来建造他们的建筑。

图 2-7　一个二年级学生的合作建造项目

在这些不同的选择活动中，艾莱克斯老师和瑞秋老师很好地支持了儿童的发展需要，使儿童有机会合作、玩耍和探究，同时使儿童以一种有效的方式加深了对课程的理解。

　　"一个会说话的教室"具备布赖恩·坎伯恩(Brian Cambourne, 1988)提到的以下几个重要特征:

• 沉浸式探究(immersion):当活动区角充满精心选择的各种材料时,儿童将沉浸在无尽的可能性之中,尽情地探索和创造。

• 示范(demonstration):在全班参与的迷你课和儿童于活动区角的互动中,老师示范探究的多种机会和可能性。

• 期望(expectation):每次请儿童分享活动区角的体验时,老师对儿童的探究表现出高度的尊重和期望。

• 责任感(responsibility):儿童对如何使用每一个活动区角的工具和材料高度负责,各种可能性像他们的想象力和兴趣一样永无止境。

• 练习(practice):儿童在活动区角无须过于匆忙,而是有时间练习新的技能并使用自己不熟悉的材料反复试验(尤其是当儿童进入自己感兴趣的活动区角时)。

• 估计(approximation):儿童在活动区角自由试验并通过"估计"的方式尝试自己找出解决问题的办法。

• 回应(response):一个充满选择活动的教室有丰富的互动和回应。教师不断与儿童互动,如问问题、提出行动方案、提供反馈等。

• 参与(engagement):从开始到结束,活动区角的设计都以支持儿童的参与为目标,包括参与做决定、参与探究和参与玩耍。

我们有很多时间，但没有太多非做不可的事情。

推翻这一说法，将上面的表述颠倒过来。

——罗尔德·达尔（Roald Dahl）

《查理和大玻璃升降机》（*Charlie and the Great Glass Elevator*）

# 第三章　一个充满选择的教室

　　在一个幼儿园的教室里，杰西和莱拉正在艺术区玩耍。他们的科学区生活着几只蜗牛，杰西和莱拉想为蜗牛建一个游乐场，目前他们正在进行这一项目的收尾工作。莱拉把胶带放在游乐场模型上，杰西提出一个建议："把酸奶杯放在这里，如果蜗牛不小心掉下来，正好掉在这儿。"莱拉同意杰西的想法，并建议把那个地方弄得柔软一些。于是，杰西去艺术区找合适的材料，他找到了一张气泡纸，高兴地说："这个很柔软！"

　　杰西把气泡纸放到酸奶杯里，然后把酸奶杯移到一条绳子下面。那条绳子已经用胶带固定在盒子上了。杰西说:"如果蜗牛掉下来,我们可以把它们接住。"

莱拉将酸奶杯挪到盒子的一个角落并解释为什么这么做:如果蜗牛不想爬得太高,把杯子放到角落会使蜗牛有更多的活动空间。她把两根扁木条交叉叠放在一起并用胶带缠紧。她说:"这是一棵蜗牛可以爬的树,它们一定会喜欢的。"

观察像杰西和莱拉这样的孩子全神贯注地参与探究和玩耍(如图 3-1),我们真心希望他们"有很多时间,但没有太多非做不可的事情"。然而,像达尔(Dahl)在《查理和大玻璃升降机》(*Charlie and the Great Glass Elevator*,1972)中所指出的,这样的想法与我们在真实生活中所面对的境况恰恰相反。"怎样把所有想做的事情统统挤进学校生活"是我们每年都要面对的难题。我们何不对这一困境的表述加以重组呢?即如何找到时间实施严谨且具有挑战性的课程,同时又不让儿童疲于与时间赛

图 3-1　为蜗牛建一个游乐场

跑?如果将问题以这种方式提出来,我们自然而然就会把关注的焦点放在"严谨且具有挑战性的课程"上,并且能够看到课程与时间的联系以及此种联系存在的重要性。在《关于儿童的信仰陈述》(*Statements of Beliefs About Children*)中,《你想成为怎样的教师》(*The Teacher You Want to Be*)一书的编辑们明确表示:"我们相信儿童需要时间深入探究他们认为重要和有兴趣的主题,不论是在每日的学校生活还是在一整年的校园生活之中。"(Glover & Keene,2015,p.234)认识到时间和探究对于儿童发展的重要性,能帮助大家真正理解探究和玩耍是儿童成长过程中必须经历的阶段,而非在本来就很忙碌的一日生活中再加入一个额外的负担。

## 安排时间表

当你考虑在一日学校生活中何时进行"选择时间"时，一个实用的方法是先准备好一张空白的每周课表。将那些必须要做的事情先填入课表（如午饭、课间休息、年级活动、艺术课、体育课等），然后留出读写课和数学课时间，以便于进行朗读、阅读工作坊（包括分享阅读和导引阅读）、写作工作坊、字词学习和数学学习。如果有任何特别的课程（如有些学校每年会提供一门舞蹈或木偶表演课程），那么这些课程也要先填入课表。

一旦这些"必须的"内容已经在课表上，你就要开始考虑儿童的年龄并决定你的班需要多少时间参与选择活动。不管教哪个年级，你可能都希望找到尽可能多的时间让儿童参与选择活动，但最重要的是你必须将儿童的发展需要考虑在内。幼儿园的儿童可能每天需要两次"以玩为主的"活动，而二年级学生可能每周只需要一两次探究活动。

当清楚了自己需要多少时间进行选择活动之后，你就需要进行一些有创造性的操作。一个可供参考的建议是你可以将社会学和科学的内容融入选择活动区角。如果你想把选择活动区角作为社会学和科学课程内容的延续，可以在设计活动区角时就专门进行这样的安排。在二年级，则可以考虑每周拿出一整个下午的时间在活动区角进行探索，将社会学和科学的探究项目紧密联系起来。

另一个可能性是用"选择时间"将每日读写课程分离出来。你可以在早晨的阅读课之后安排儿童进行选择活动，然后进行写作工作坊。如果幼儿园和一年级学生在早上或午饭后有选择活动，他们就能够更专注地参与选择活动之后的写作或数学方面的学习。

如果儿童有一整块的时间进行特别课程的学习（如艺术），你可以考虑将这些课程融入"选择时间"活动区角。我曾经在一间学校的艺术工作室进行过这样的尝试。艺术教师并非在每周一次的整块艺术课时间全程与全班儿童一起上课，而是先集中所有儿童上一堂简短的展示课，介绍一个特别的技巧或新的艺术材料。之后会有一组儿童和艺术教师一起工作，我则在工作室观察、记录、拍照。在那个星期之后的几天，我在教室中持续地开放这一艺术区角，以保证所有儿童都有机会尝试那些新的技巧和艺术材料。

## 自选区域活动执行流程

在"选择时间"，自选区域活动执行流程可使活动计划过程简化，并帮助教师消除因为"不知下面会发生什么事情"而产生的焦虑感。当然，我们永远都需要留出空间鼓励探究的"灵活性"和体验"偶然发现"的乐趣，但"即兴创作"通常在可预测的框架中能获得更大的成功（Cazden，2001）。

工作坊模式为"选择时间"提供了必要的结构和常规。每一个"选择时间"都大致根据这样的流程进行：所有儿童集中在一起，老师通过一堂简短的迷你课介绍与"选择时间"有关的内容。迷你课之后，大家共读并讨论图表上列出的活动选择，然后给每个儿童机会选择自己感兴趣的活动，之后每个儿童到自己选择的活动区角进行一段时间的玩耍和探究——也就是我称之为"选择时间"的"肉"的部分。在教室中不同的活动区角，儿童自由地研究、玩耍、探索。作为老师，你可以在这个时候辅助一个专门的活动区角（如烹饪）或在教室中走来走去，观察儿童并提供即时和激发性的反馈。

收到"还剩5分钟"的信号之后，儿童开始收拾各自的活动区角。"选择时间"结束之前，全班再次集会，让儿童分享自己"玩了什么""学到了什么"或"发现了什么"。这也为儿童提供了一个很好的机会学习认真聆听，学会问切题的问题和带着问题继续探究。这样的分享通常会紧扣之前的迷你课主题。反思日志也为儿童记录和分享他们的"选择时间"活动体验提供了宝贵的反思机会（如图3-2）。

图3-2　一个幼儿园儿童记录的探究经验：一天在"灯桌"活动角，一天在假扮区

35

## 如何组织迷你课

"选择时间"迷你课的主题通常来自教师的观察并与儿童的需要直接相关，例如，如果你发现儿童在"选择时间"活动区角没有什么互动，你可以花几天时间准备一系列迷你课，将关注点放在"如何进行合作学习"并提供行之有效的策略或范例。这里有一些关于迷你课的组织和程序方面的策略建议。迷你课中，你可以与儿童讨论：

- 工作坊模式的结构和常规：迷你课、独立探究、分享会。
- 考虑活动选择。
- 在活动区角与同伴规划如何完成一个项目。
- 清理不同活动区角的要求和程序。
- 清理活动区角之后可以做些什么？
- 记录"选择时间"之后的活动反思日志。

如果要开设一个新的活动区角，你可以选择在迷你课上对这个活动区角进行介绍。在接下来的几天时间里，儿童可以集思广益，分享在这个活动区角能够做些什么及如何与材料互动。例如，凯蒂·瑞斯特（Katie Rust）所带的一年级学生正在探究汽车如何帮助人们在城市中移动。

他们有很多机会站在大街上观察汽车，参观汽车修理站，访问汽车技工，探索伸缩式豪华轿车的内部，参观停车场，研究他们所在社区的水、电、煤气量表。一天，凯蒂把一个超大的长方形泡沫箱拿到学

图 3-3　建造汽车

校。在迷你课上，她介绍了这个泡沫箱并邀请儿童讨论在"选择时间"可以怎样使用箱子。一组儿童决定用它来建造一辆汽车。他们听取了班级其他小朋友给出的关于使用什么材料及如何使用材料的建议，并画出了设计蓝图（如图 3-3）。一个新的活动区角诞生了！

这里有一些关于迷你课的其他可能性建议，可以帮助老师们介绍新的活动区角并在活动中尝试使用一些不常见的材料：

- 在艺术区增加一种不同类型的纸；
- 将假扮区变成一家餐馆；
- 在科学区建造一个供蜗牛生活的场所；
- 在积木搭建区使用丰富多样的测量工具；
- 在数学材料中加入收款机专用打印纸。

## 活动选择机制

由于儿童每天都要进行活动选择，因此，老师建立一个有效的活动选择机制显得尤为重要。儿童需要了解所有的活动选择。你可以在教室中挂出一张图表，列出所有的活动选择，图表应该清晰、简单、易读。你每次引荐任何新的活动区角都要加到图表上。对于年龄较小的儿童，你最好能把每个活动选择以图画的形式呈现出来（如图 3-4）。

图 3-4 借助图表进行活动选择

关于多少个儿童可以同去一个活动区角的问题，你需要引导儿童讨论多少个儿童能够在同一个活动区角很好地探究，然后让他们决定每个活动区角可容纳的儿童人数。如果他们无法达成一致的意见，这将创造一个难得的机会让儿童在分享会上深入讨论这一话题。

下一步，你需要建立一个具有可预见性的活动选择机制。在我的教室里，我设计了一张图表，上面列出了每个儿童的名字。我把一个小夹子夹在图表一侧，夹子可在图表中从上向下地自由移动。每天，夹子旁边的小朋友可以第一个选择他想去的活动区角，但第二天，这个小朋友则要等到最后才能选择（如图 3-5）。我还清楚地告诉他们：如果他们正在进行一个项目且还没有完成，他们就应该留在那个活动区角直至项目完成。

如果你鼓励儿童想出两个或两个以上感兴趣的活动，他们的选择将更快并且不易引发焦虑，即使他们的"第一选择"已经被其他小朋友选走了。你应该向儿童保证：如果有学生没有得到自己的"第一选择"也没关系，只要他们对那项活动依然有兴趣，那个活动区角就会持续开放（请确保你持续跟进这一承诺）。

最后，教室里应该有足够多的活动区角供儿童选择。他们应该有机会选择自己真正喜欢的活动，而非等到他们进行选择的时候，剩下的活动都是自己不喜欢或不感兴趣的。

图 3-5　谁第一个选择

## 让收拾和整理成为活动的一部分

我妈妈经常重复一句俗语：物归其位。在三个女儿分享一间卧室的日子里，她的这句话不仅帮助我们保持房间整洁，而且还让我们能相互尊重彼此的空间和物品。当我努力帮助我的学生理解如何分担责任以保持活动区角干净整洁时，我常常会想起妈妈的这句话。收拾和整理是培养儿童的独立性、责任感的重要组成部分。

即使我们已经花了很多时间教儿童一些有用的收拾和整理策略，还是会时不时发现一切都混乱一团。克妮·诺润（Connie Norgren）是一位几乎要放弃"选择时间"的老师，因为她的教室每天都凌乱不堪，直到有一天她决定将收拾和整理变成一个专门的探究课题。

一天早上，在"选择时间"之前，克妮分享了她的计划并邀请儿童共同讨论他们班在收拾和整理时间时的吵闹及混乱状况。一个显而易见的事实是：儿童完全不清楚自己的责任，也不确定收拾和整理好自己的活动区角之后应该做什么。克妮建议儿童帮她设计一张图，清楚地列出一步步的收拾和整理方案并为第二天的活动做好准备。

当第二天儿童来到学校时，那张图已经被放在集会区的展板上，每个儿童的记录板上也有一份相同的文件（如图 3-6）。克妮解释道：在这个星期的每一天，"选择时间"都会提前结束，然后每人需要拿着自己的记录板准备收拾和整理活动区角，每做完一项工作就在纸上做个标记。在分享会上，大家将讨论这一计划的实施情况。

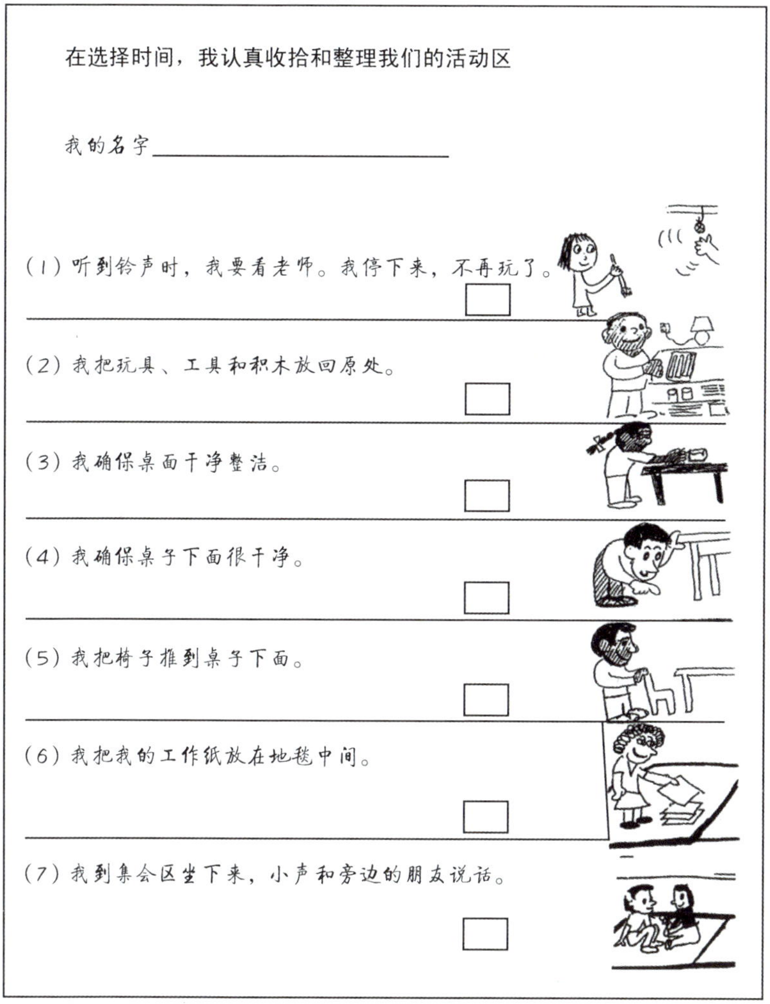

在选择时间，我认真收拾和整理我们的活动区

我的名字＿＿＿＿＿＿＿＿＿＿＿＿＿

（1）听到铃声时，我要看老师。我停下来，不再玩了。☐

（2）我把玩具、工具和积木放回原处。☐

（3）我确保桌面干净整洁。☐

（4）我确保桌子下面很干净。☐

（5）我把椅子推到桌子下面。☐

（6）我把我的工作纸放在地毯中间。☐

（7）我到集会区坐下来，小声和旁边的朋友说话。☐

图 3-6　克妮的收拾和整理图

儿童很兴奋地参与这项计划。当克妮宣布"收拾和整理"时，大家都认真地标出每一项自己已经完成的工作。经过一星期有意义的练习，全班又举办了一场分享来反思这一活动的运转情况。儿童一致同意可以将这张图暂时收起来了，因为他们现在已经成为负责任的"收拾和整理"小帮手了。

几个月后，克妮又把那张图拿出来，阅读并复习上面的要求。通过为儿童提供机会共同设计一个行之有效的收拾和整理计划，克妮帮助儿童对合作与责任的价值有了进一步的理解。

学年伊始，请认真示范如何收拾和整理每一个活动区角，并给儿童时间练习和理解对收拾和整理的具体要求。你要智慧地决定是否要给儿童收拾和整理的工作或者每个小组是否要收拾和整理自己的活动区角。你可以仿照克妮的做法，和儿童一起设计一张"收拾和整理图"。当儿童经历了几次收拾和整理的体验并反思了收拾和整理的常规之后，我们想要看到的结果会更为明显地表现出来。在玛乔丽·马蒂内利（Marjorie Martinelli）和克里斯蒂娜·玛耶兹（Kristie Mraz）合著的《智能图表》（*Smarter Charts*，2014）一书中，作者提供了很多与儿童共同设计图表的有用建议。

大多数老师用自己专属的信号告诉儿童"要开始收拾和整理了"。有些老师使用小铃或小钟，有些老师则唱歌。我的班尤其喜欢伍迪·格思里（Woody Guthrie）的歌《捡起来》（*Pick It Up*）。我建议尽量避免使用"闪烁灯光"的方法，因为这种方法会对很多儿童造成困扰，还会引致过度活跃。最后请确保儿童了解收拾和整理之后要去哪里、要做什么，如他们是否要帮助其他小朋友？他们是否应该坐在地毯上读书？他们可以和朋友轻声说话吗？

## 反思和计划

当你清楚每一个活动区角所要达到的目标时，就需要以清晰的目标为视角反思儿童的活动。你可以问自己以下问题：

- 我的活动区角是否有助于提升儿童的独立性？
- 教室中是否有足够的空间支持儿童完成自己选择的项目？
- 儿童是否清楚在哪里可以找到所需的材料？
- 儿童是否了解材料具有可流动性，明白可以在需要的时候将材料从一个活动区角移至另一个活动区角？
- 活动区角是否有充足但又不过多的材料，以支持儿童持续参与选择活动？

表 3-1 中的简单模板是帮助老师在持续选择活动中进行反思和设计的有用工具。实际大小的原始设计版本可见附录一。

表 3-1 活动区角设计工具表

| 活动区角名称: |
| --- |
| 设置此活动区角的原因: |
| 此活动区角的材料和设置安排:（你可能需要加入一张区角布局设计图） |
| 可加入哪些材料以支持此活动区角的探究?（在观察儿童如何使用此活动区角后再加入这部分信息） |
| 此活动区角与班级探究项目有哪些方面的联系? |

## 常见问题解答

任何一位首次尝试将"选择时间"加入课程设置的老师都会面临很多问题。尽管老师们的问题带有一定的普遍性，但是我们对大部分问题的解答并没有一个简单的标准答案。真正活跃在第一线的老师经常需要即兴处理一些教室里临时出现的状况。在"选择时间"需要处理的问题和在数学课或阅读课上所面临的挑战其实具有很强的相似性。例如，如果儿童在数学课上练习"以十为单位"十个十个地数数时看起来相当困惑，你需要先停下来，尝试使用不同的方法帮他们消除困惑。同样的道理，如果儿童对你在艺术区提供的各种材料表现出无所适从，你也需要先停下来，尝试为他们多做几次有关材料使用的演示。

虽然对于在"选择时间"可能遇到的大多数问题，我们没有标准答案，但如果你努力谋求学习与探究的连贯性并对变革、创意和合作文化持开放态度，你就能够做出很多"即时的"决定并尊重每一个儿童的特殊性和独特性。下面是老师们在日常教学中经常会遇到的问题或挑战，我提出了一些应对策略和处理建议，可供大家参考。

### 如果儿童没有足够的持久性或耐心留在一个活动区角玩耍和探究，应该怎么办？

当你担心儿童的"持久性"或"耐心"不够时，请尝试用"参与度"或"热情"将之前的两个词替换。在《有意义的阅读》（*Reading with Meaning*，2002）一书中，戴碧·米勒（Debbie Miller）解释了儿童的参与激情如何被他们的阅读热情所点燃。班级里的儿童也相信她能够提供有趣的书籍供自己独立阅读并将阅读赋予意义（p.41）。同样，如果你关注儿童并为他们提供感兴趣的材料，儿童在"选择时间"的热情和参与度也会油然而生。

尽管持续的专注力和参与度具有自然发展的阶段性，同时也是学习过程的重要组成部分，但年龄很小的儿童也能长时间参与一项活动，前提是这项活动必须是儿童感兴趣的和有热情参与的。例如，为了支持儿童对种子和树枝的持续探究，艾玫·毕妮（Amy Binin）老师为儿童准备了一些有趣的工具，如护目镜、被砂纸覆盖的积木、蔬菜削皮器。4岁的儿童用这些工具足足探究了一小时！他们热情且努力地工作，试图将厚厚的树皮刮掉，看看树皮里面有什么。对于年龄小的儿童，你需要有耐心并相信他们的关注力会随着年龄的增长而不断提高。

### 儿童应该从一个活动区角转到另一个活动区角，还是每天只能留在一个活动区角玩耍和探究？

像奇普·伍德（Chip Wood）在《儿童发展指标》（*Yardsticks*，1996）一书中所描述的，幼儿园中班的儿童（4岁左右）还停留在自然地从一个活动转到另一个活动的发展阶段。他们对每天有多于一个活动选择的弹性安排更加积极。他们在各式各样的活动区角探究、试验、参与不同类型的认知和社交互动。随着儿童的年龄增长，我们将更多地关注他们在每一个活动区角的专注力和参与度。对于幼儿园大班、一年级和二年级的儿童，我们期望他们在自己选择的活动区角专注探究一整堂课时间，而不再从一个活动区域转到另一个活动区域。为了实现这样的目标，你可能需要在创设选择活动区角的时候，认真考虑如何创造大量的机会让儿童参与丰富的创意玩耍和探索。我们经常听到儿童说在某某活动区角已经做完了，这个时候老师就可以介入，分享一些这个儿童还没有探索过的有趣材料，甚至可以和儿童一起讨论应该在活动区角增加哪些新材料。作为老师，你的介入将清楚地向儿童展示出你信任并尊重他们持续探究的能力并高度重视他们的想法和建议。

如果希望儿童专注在一个活动区角学习和探究而不是在不同的活动区角之间转来转去，你就需要周密地计划如何将这样的实践介绍给儿童。在学年之初，你可以安排相对较短的"选择时间"，以避免10分钟或15分钟之后儿童在教室里晃来晃去，无所事事。我们宁可让儿童来向我们要时间。根据你的课表，"选择时间"最终应该被加至45分钟或1小时。到冬末春初，大约第二学期开始的时候，儿童通常能够保持在同一个活动区角专注地玩耍和探究并持续两三天的时间。当然，总会有规则被打破或计划被打乱的时刻，如因某种原因，一个儿童可能经历了很困难的一天，作为老师你需要将前行的脚步慢下来，给他时间休整。在多年的教学实践中，我发现儿童对班里其他小朋友的特殊需要极为敏感，所以在"选择时间"将常规程序做一些调整，儿童是完全能理解的。

### 如果儿童不守纪律怎么办？

首先，"选择时间"不应该被用来奖励或惩罚学生。每个儿童都拥有自由玩耍和探究的权利，就像每个儿童都有权利阅读、写作和上数学课一样。当儿童共同参与选择活动时，各种重要的学业、社交及情感学习同时发生着，没有儿童应该失去这么宝贵的学习机会！

你可以考虑准备一把"降温椅"或一个"安静反思空间"。当儿童无法安心学习和参与选择活动时，你可以让他们到"降温椅"或"安静反思空间"坐几分钟，为其重新加入活动做好准备。我们希望儿童将这样的处理方式看作积极和有帮助的选择。毕竟我们所有人有时候都需要一个安静的角落来反思和调整自己。

如果某个儿童看起来正面临着非常多的挑战，我们需要每天留出一些时间观察他在"选择时间"如何与其他小朋友互动或如何与材料互动。如果发现任何令这个儿童受挫或沮丧的因素，你就要考虑对活动区角做一些调整，将那些令儿童受挫或沮丧的东西移走。你也可以考虑用一种新的方式重新介绍这一活动区角，使儿童获得更多的成功感。

### 如果教室里只有一位老师，该如何开展选择活动？

20 世纪 80 年代，很多学校由于财政困难减少了助教和辅助员工的数量。幸运的是，我的班上常常有一些家长志愿者每周来学校 1 小时，在"选择时间"帮我的忙，有时候我的班上还有实习老师。当然总有一些时候教室里只有我一个成人，所以我必须思考在这样的条件下如何开展选择活动。

首先，确保儿童需要的所有材料都已经放置在不同的活动区角，无须一位成人专门再去准备任何材料。

其次，排除那些因为安全因素需要成人特别监督的活动（如木工）并将复杂的选择活动加以简化，如在烹饪区，与其让儿童做煎饼或胡萝卜蛋糕（需要使用电炉），不如让儿童挤橙汁。一张简单的食谱图能够清楚地引导儿童一步步往下做，然后儿童可以用塑料叉将橙子剥开。你可以到互联网上找一些无须烹煮的简易食谱。

再次，不要开放那些让你整堂课无法分身的活动区角，如你可能花 10 分钟时间与一组儿童玩橡皮泥，然后去其他活动区角。当你离开之后，橡皮泥组的儿童能够独立收拾活动材料并清洗那些搅拌和测量工具。

最后，利用迷你课时间教儿童一些互相帮助和保证安全的策略。你可以邀请儿童帮你制作一些适用于不同活动区角的简易图表，其中包括一些重要的安全规则，如在"拆装活动角"工作时，永远要记得戴护目镜来保护眼睛。

### 如何在"选择时间"有效获得家长志愿者的帮助？

我很幸运一直有家长志愿者来教室帮忙。我觉得一切活动都进行得相当不错，直到有一天我收到了艾米莉（莎莉的妈妈）的一封信。信件内容如下：

> 亲爱的芮妮：
>
> 现在我想大胆地承认我在"选择时间"经常觉得无助，和孩子们一起的时候也经常不知道自己应该做什么。尽管我了解孩子们需要完成哪些工作，但从来都不确定怎样才能帮助他们完成那些工作。毫无疑问，我一直非常感谢你给予我的所有支持，如介入活动或讨论、提供建议或小窍门，但诚实地讲，我有时真的觉得几分钟时间像几小时那么漫长……

看到这封信，我极为震惊！据我观察，艾米莉在不同的活动区角与孩子们一起工作时总是无比的快乐。这封信也让我想到其他家长志愿者可能也存在同样的感受。由于我通常没有时间在上课之前与所有家长志愿者面谈，所以我决定通过写便条的方式与家长沟通。每张便条都大致包含以下一些内容：

- 家长要进入的活动区角及参加该活动的大致儿童人数。
- 描述该活动区角及儿童可以怎样使用那些材料。
- 家长作为协助者应该扮演的角色（非亲力亲为地做事，而是鼓励儿童尝试和探索）及一些开放型问题范例。
- 一个明确的要求：如果儿童之间产生冲突但不能自行解决问题或儿童出现棘手的行为问题，家长必须在第一时间让我知道——处理任何类型的纪律问题都应该是我的责任。

　　我的心属于积木。我能用那些积木搭建桥梁、摩天大楼，甚至宇宙飞船。我能感受到我要创造的结构多么完整，即使这意味着我要一直坐在那里搭建，直到它们最后倒塌。积木为什么令人这么快乐？我不知道。我只知道积木具有蜡笔和书籍无法取代的魅力！

　　　　　　　　　　　　——选自丹尼尔(Daniel)对其幼儿园生活的美好记忆

# 第四章　积木搭建区

　　雷蒙德、艾琳娜和卡尔选择在积木搭建区建一座城堡。老师建议他们到互联网上寻找一些有趣的城堡图片。他们找到了几个喜欢的城堡，将图片打印出来并贴在积木搭建区的墙上，然后开始搭建。

雷蒙德(正在指着一张图片)：我喜欢这个城堡的底部。我觉得我们应该把现在这个城堡变成图片上的样子。希望我们做改动的时候城堡不会倒下来。

艾琳娜：是的。可是我们应该怎么改动呢？我不想把这个城堡推倒重建。我们花了好长时间才搭成现在这个样子的。

卡尔：我们把它推倒吧！(他站起来，准备将城堡推倒)

雷蒙德(快速介入)：不！我们不需要把整个城堡都拆掉。先停下来！停下来！我们能不能用大积木把城堡围起来保护我们的城堡呢？如果这样的话，那些小积木可能不会倒下来太多。

卡尔：好的。我去找大积木。

艾琳娜：一定要小心啊！上次你就把城堡碰倒了！(卡尔冲艾琳娜做了个鬼脸，然后抱起好多大积木)给我一些积木。我来帮你！

雷蒙德：我们可能不需要那么多积木。

艾琳娜：如果我们要把这个城堡都包围起来的话，真的需要这么多。这个城堡很大！

(当卡尔把大积木放在城堡旁边的时候，城堡开始摇晃)不要倒下来！

卡尔(笑着)：快倒了！

雷蒙德：等一下！往后站一站！不要让它倒下来！

艾琳娜：我告诉你要小心一点儿的！

卡尔(还在笑)：太好了！城堡要倒了！城堡要倒了！

艾琳娜：不，不要让它倒下来！(积木没有倒下来)

雷蒙德：看！大积木起作用了。它们保护了小积木。

艾琳娜：不是这么回事。只是幸运而已。

卡尔：我们在城堡周围再多放些积木。

雷蒙德：我们假装这就是城堡没倒的原因吧。

孩子们继续在城堡周围放积木加固城堡。

当你观察一组儿童在积木搭建区建造楼塔、太空船或城堡时，会发现他们在以很多不同方式发展着各方面的技能，包括身体、心理和社交等方面。首先，儿童在积木搭建过程中身体运动比较活跃。在上面的课堂实录中，雷蒙德、艾琳娜和卡尔几乎不断地进行着身体运动——拿积木、摆积木、在搭建中和搭建后摆弄城堡。其次，儿童的心理活动也十分丰富。他们提议并修订设计方案（"我们能不能用大积木把城堡围起来保护我们的城堡呢"），他们反思哪些方法可行或不可行（"看！大积木起作用了。它们保护了小积木"）。另外，像雷蒙德、艾琳娜和卡尔一样，在共同搭建时儿童还要处理在彼此互动过程中所面临的社交方面的挑战，学习如何与人合作及谈判（"不！我们不需要把整个城堡都拆掉。先停下来！停下来"）。

儿童在积木搭建过程中还同时发展了很多与概念理解及学科理解相关的能力。在上面的课堂实录中，雷蒙德、艾琳娜和卡尔试验了平衡性和稳定性概念，还涉及美学欣赏范畴的内容。当儿童根据大小、重量和形状将积木进行分类或根据适用程度选择合适的积木时（如图 4-1），他们在练习数学和科学思维能力。他们对不同的几何图形越来越熟悉，如三角形、拱形、长方形、正方形等。当共同搭建一个结构时，他们还在合作与谈判过程中练习与人沟通的能力。

图 4-1 "我能用这块积木做什么？"

当今，大多数学校使用的积木是由进步主义教育家卡罗琳·普拉特（Caroline Pratt）于 20 世纪初设计的。卡罗琳曾经这样描述她对积木的感觉："我找到了……它们如此灵活，它们有极大的适应性和可塑性，孩子们可以在无须成人引导和控制的状态下自由使用它们。我想看孩子们建造整个世界；……看他们重新建造从他们的视角所看到的世界。"（2014，p. 28）卡罗琳的积木设计以弗里德里希·福禄贝尔（Friedrich Froebel）的几何搭建模块作为设计原型。弗里德里希·福禄贝尔是生活在 19 世纪的德国教育家，是"幼儿园"概念的创始人。"幼儿园"取"儿童乐园"之意。弗里德里希·福禄贝尔的模块设计对著名建筑师弗兰克·莱特(Frank Lloyd Wright)和著名艺术家皮特·蒙德里安(Piet Mondrian)及瓦西里·康定斯基(Wassily Kandinsky)的工作都产生了重大影响(Brosterman，1997)。弗里德里希·福禄贝尔的模块被用在桌面上。它们被拼凑在一起，创造出不同的结构，形成一个个拼图。

卡罗琳·普拉特设计的积木可在地上使用，鼓励儿童进行无固定框架限制的、富创造性的搭建活动(Gadzikowski，2013)。事实证明，可在地上使用的移动积木具备很大的优势。正如工业设计师泰克·维曼斯特(Tucker Viemeister)所解释的那样，这种积木设计避免了各积木块紧紧聚集在一起及组装时难以移动的缺点，鼓励更加流畅和开放的使用流程，这种流程可持续进行并易于重新开始新的搭建项目(Colman，2008)。对于像雷蒙德、艾琳娜和卡尔这样的孩子来说，要想让他们在积木搭建区充分体验这种更流畅、更开放的积木搭建过程，我们必须精心规划活动区的空间、材料以及常规。

## 积木搭建区的设置

### 空间和位置

如果计划在一个拥挤的教室里设置积木搭建区，你需要慎重考虑"在哪儿建"和"怎么建"，这就意味着你要考虑的内容可能比设置其他任何活动区角要多得多。积木搭建区是一个忙碌、活跃的空间。由于年幼儿童还在发展其空间意识，因此搭好的结构很容易被不小心碰倒。有的儿童很清楚自己在一个空间的位置并能注意到周边有哪些东西，有的儿童则还没有形成这样的空间概念。你在设计积木搭建区时必须要考虑到年幼儿童在这方面的差异性，在儿童发展其空间意识的过程中为他们提供必要的帮助。

毫无疑问，你给儿童提供的搭建空间越大越好。空间的大小会影响搭建结构的质量，也会影响儿童合作的质量。理论上说，积木搭建区应该足够大，大到儿童能够围绕搭好的结构走动，同时能轻易够到放积木的层架而不会将搭建结构碰倒(如图 4-2)。如果空间过于狭窄，积木很容易被不小心弄倒。一旦发生这样的情况，儿童的情感会受挫，他们之间可能会发生冲突，我们甚至会看到眼泪。没有一种积木区的设置是十全十美的，但你可以设计一些折中的方案。如果教室真的特别小，实在找不到一个空间设置比较大的积木区，儿童可能就需要两个人或三个人一起搭建，而非五六个人同时工作。你还可以选择让儿童在班级集会区的地毯上进行搭建。集会区的空间通常很大，但缺点是无法持续几天搭建同一个结构，因此积木搭建的多种可能性会受到限制。

图 4-2　积木区的大小和设计布局使这个大型搭建项目成为可能

　　谈到"位置"问题，积木搭建区应该设置在一个能受到保护又易于被大家看到的地方。因为有保护，所以有人在教室中走动的时候搭建好的结构不会被轻易碰倒；积木搭建区应该易于被大家看到，因为儿童喜欢看其他小朋友的作品。通常搭建好的结构会引发有趣的观察和评论。相关的对话可能会令那些起初对积木搭建没有什么兴趣的儿童开始愿意尝试这一选择。

　　积木搭建区是否铺上地毯对搭建活动也会产生一定的影响。一方面，没有地毯会使积木在搭建时更容易获得平衡。如果在搭建过程中积木持续摇晃，儿童会感到沮丧。另一方面，虽然积木倒在硬地板上会发出较响的声音，但这是一种好的声音——一种参与活动的声音，有时伴着抱怨声，有时伴着歇斯底里的笑声。儿童并不会因积木倒塌而担忧，他们会重新开始，通常还会将原来的设计方案加以改进。出于偏好或必要性，如果积木搭建区必须铺上地毯，不带绒毛的平整地毯是最好的选择。另外，应避免使用那些带图案的地毯，因为图案很容易分散儿童的注意力并会限制他们的搭建想法。

### 基本材料

学年伊始，只需要放置几种（四五种）不同形状的积木供儿童搭建简单的结构。当儿童能娴熟地使用积木并懂得搭建活动结束之后将积木放回层架或篮子时，你就可以开始加入更多的材料。在层架上贴出即将加入的材料标签会引发儿童对这一活动区的极大兴趣。

下面列出一些你可能会用到的其他材料：

• 尺子或卷尺：鼓励儿童在搭建过程中对搭建结构进行测量（如图 4-3）。

• 在积木搭建区的墙上贴出各种有趣结构的图片。

• 一篮图书：带有不同建筑结构图画或照片的图书。

• 一部照相机：为搭建好的结构拍照（随着儿童逐渐成长，你可以教他们拍照）。

图 4-3　一个一年级学生在积木搭建区用尺子设计一座建筑物的骨架

### 组　织

我们可通过多种形式组织积木搭建区的材料，但有些可预见的情况应该通过缜密的思考进行计划和布局。首先，要考虑将积木放在与搭建区相反方向的层架上。这样的安排可避免儿童因集中在层架附近拿积木而不小心将自己或别人搭好的结构碰倒。同时你应在距离层架 30 厘米左右的地方用胶布在地上贴出层架与搭建区之间的分界线，并提醒儿童不能在层架与分界线之间搭建任何东西。

用不同形状的积木图片为层架贴标签，可使儿童清楚地知道积木要从哪里拿、放回哪里去。你可以在黑色硬纸上描画出每一种积木，然后将积木形状剪下来，再粘贴到相应的层架或盒子上（如图 4-4）。彼得·拿普里塔诺(Peter Napolitano)是来自曼哈顿的一位幼儿园老师。他用塑料盒子盛放那些形状较小的积木，如三角形和半圆形。他在盒子上和放盒子的层架上都贴上了积木形状的标签。任何标签的使用都能帮助老师将最后的收拾工作变得轻松且简单。将积木以大小进行分类和标记还会带来一个额外的好处，即帮助儿童开始建立起最初的数学联系，如"这里没有更多的长积木了，我要尝试把两根短积木摆在一起，放在长积木旁边，可能也可以。"

图 4-4　一个贴上标签的积木层架能让儿童清楚地知道在哪里能找到积木以及积木应该放回到何处

### 安全指南

因为积木是用很重的木头做成的，我们必须让儿童了解使用积木的具体要求。儿童必须要明白为什么要严肃认真地遵守所有的安全规则。伊丽莎白·赫希(Elisabeth S. Hirsch)在《积木书》(*The Block Book*，1984)一书中列出了一些在使用积木时必须要遵守的安全规则，下面三项是最基本的积木使用规则：

• 任何时候都不能在积木上走动。你可能会摔倒并受伤或令搭好的积木结构倒塌。

• 任何时候都不能扔积木。你可能会伤到别人或砸坏东西。

• 拆积木结构的时候一定要遵循从上往下的顺序，这样积木才不会因为相互碰撞而发出巨大的声响。不要用脚将积木结构踢倒。

　　为了不使儿童在积木搭建过程中过于紧张，我们最好先从遵守这三项规则开始。就像赫希所说的："规则是用来帮助我们的，而不是用来控制我们的。"(p.94)在制定规则的时候，请认真考虑教室的空间大小、各组儿童的特点及具体材料的特征，并依此制定规则。

　　你还需要决定儿童可以将积木结构搭到多高，因为当搭建到一定高度的时候，他们肯定想测试高度的极限(如图 4-5)。有些老师告诉儿童积木结构只能搭建到他们站在地上还可以够到的高度，有些老师则允许儿童站到椅子上将积木放得更高。当你做决定的时候，请考虑儿童的年龄和成熟度。另外，你要知道不论你做了怎样的决定，规则有时可能需要重新调整。我的教室里有一个规则：积木结构只能搭建到儿童可以够到的高度。然而，有一组儿童当时正在搭建世界贸易中心，他们想把一根木钉放到楼顶代表天线，于是我允许一个孩子站到椅子上，但我一直站在旁边保护，以防止孩子从椅子上掉下来。

图 4-5　你可以建多高

### 有关收拾和整理的要求

　　在开放积木搭建区之前，你就需要想清楚活动结束后应该怎样收拾和整理积木区。你肯定不想让儿童感觉自己有太多收拾和清理工作要做，以至于以后都不想再搭积木了。其实，我们有很多简单的方法让收拾和整理工作变得活泼有趣，而不会让儿童觉得筋疲力尽。首先，你可以提前 5 分钟结束积木搭建区的活动，以使收拾和整理不会过于仓促。然后，你需要建立一些常规。你可以准备一些带有不同形状积木图案的卡片，让每个儿童随机抽取一张卡片，儿童抽到哪个形状就需要将哪一形状的积木捡起来并放回指定的层架上。你也可以尝试让儿童站成一条线，将积木一块一块地传过来。或者还可以让儿童自己找到收拾和整理的好办法，因为儿童通常对自己想出的主意更感兴趣。在我的班上，有一组儿童决定把椅子当作运输车，他们把积木堆到椅子上，然后将椅子拉到放积木的层架下。如果效果不错，那很好。如果效果很好，儿童还觉得有趣，那就太棒了！如果老师帮忙收拾，儿童也会感到非常愉快。

就像我们在学年中不断鼓励儿童在写作过程中加入新内容新想法一样，我们也要鼓励儿童在几天时间内一步步做出设计计划并实施积木搭建。那些搭建结构通常需要完整地保留，直至整个搭建项目完全结束。我们希望积木搭建活动能真正支持和鼓励儿童的创造性思维。

## 启动积木搭建区

一旦定下来积木搭建区的组织流程并准备好了所需的全部材料，你就需要计划怎样介绍并启动此活动区。与其他活动区类似，你最好用几天时间持续介绍并开放积木区，以增强儿童的兴趣和热情。不管计划如何，你都需要向儿童介绍积木区的材料及各种玩耍和探究的可能性。积木搭建区的启动方式多种多样，这里我介绍一个经多次试验证明非常有效的方法供各位老师参考，尤其是第一次尝试"选择时间"的老师。

让儿童集中在积木搭建区并围坐成一个圆圈（如果积木搭建区地方太小，也可选择坐在教室里的集会区）。儿童每人或两人一组选择一块积木，走到圆圈中央，以任何他们喜欢的方式将积木放下。你需要提前解释清楚：积木可横着放，竖着放，也可直着放，斜着放。儿童开始依次摆放积木，唯一的规则是积木与积木必须碰到一起。你可能还会建议其他的摆放可能性：一块积木可以高高地站在前一块积木上面，也可以平放在前一块积木旁边，或高高地站立在前一块积木旁边。活动依次进行，直到每个儿童都放置了积木。

随着搭建结构的发展，你需要与儿童谈论搭建结构的变化，如它之前像一栋房子，现在不像房子了，而像一座高塔。这样的讨论能变得非常生动活泼！你可以拍照或让儿童很快地画出搭建结构的变化。由于儿童所坐的位置不同，拍出的照片或画出的结构图也会有很大差异，这就为老师提供了一个绝好的机会来介绍角度和方位概念。

全班共同搭建积木两三天之后，你就可以将积木搭建区作为一个独立的活动选择向儿童开放。全班共同搭建积木的经验让每个儿童在选择这个活动区时都充满自信，相信自己能够在那里有效地试验和探究。如果需要在学年中间介绍适用于这个活动区的新材料，你可能需要重复这一全班共同进行的活动，帮助儿童想出更多的新主意和新想法。

## 聚焦以探究驱动的活动区

一天早上，我去玛丽·安妮·萨库(Mary Anne Sacco)的二年级教室参观。学生正在研究"纽约市"。前一个星期，儿童已经参加了两次外出实地考察活动。他们参观了纽约历史学会，研究了殖民地时期的生活。他们还参观了波山——一个大型公众花园和生态中心，从那里可以鸟瞰哈德孙河的全貌。

在这两次外出实地考察活动之后，儿童提出了几个"选择时间"的活动建议。我去参观的那一天是儿童第一次进行相关的选择活动：积木搭建、水彩、地图、乐高。选择活动开始了，大家都开始行动起来，但彼此之间没有什么互动，也没有任何活动计划。在某些区域，尤其是积木搭建区，还出现了争论和抢积木的状况。我和玛丽安选择暂时先不介入，但我们对儿童之间缺少互动和合作的状况深感忧虑。

10分钟之后，一些令人惊叹的事情开始发生。每一组儿童都找到了一起工作的好方法。积木区的儿童开始搭建纽约市的模型，包括一条位于昆斯自治区的高架公路。小组里的一个男孩子知道这条高架公路。在地图区，两个女孩子开始制作纽约市的立体地图模型(如图 4-6)。她们对地形图概念还知之甚少，但她们通过绘图、剪贴和填充制做出了自己的曼哈顿市地图。

• 在乐高区，两个儿童合作搭建了一座殖民地时期的房子。在水彩区，儿童决定画哈德孙河(那时候，学生对"哈德孙河艺术流派"还一无所知)。

在以兴趣为驱动力的选择活动中，儿童无须成人介入开展了各自的探究项目并找到了与同伴合作及互动的有效途径。

图 4-6　二年级学生正在设计曼哈顿市的三维地图

## 丰富及深化积木搭建区

一旦儿童尝试使用了层架上的所有积木并熟悉了收拾和整理程序，你就可以加入更多积木。请在层架上为新的积木贴上标签。你也可以把新的积木带到集会区，介绍并展示新的形状，再让儿童将新的积木放回相应的层架上。

随着时间的推移，你在观察儿童搭建时可能会迸发出一些新想法。你可能想通过加入更多的材料来丰富并深化儿童的学习和探究。你可能会考虑加入以下材料：

• 小的人物或动物模型（做这件事情的时候要小心谨慎，错误的道具选择会使儿童的探究方式偏离你的原定目标和设计初衷）。

• 娃娃屋的家具、小汽车、救火车（有些儿童可能害怕玩积木或本来就对积木缺乏兴趣，添加一些他们熟悉的材料可能会吸引他们来探索这个活动区）。

• 一个盛有胶带、记号笔、铅笔、卡片、纸和便利贴的篮子（儿童可使用这些材料制作标识、书写信息、为搭建结构贴标签等，图 4-7 提供了一个例子）。

图 4-7　一组儿童使用书写材料制作了一个标牌：禁止入内

• 道路地图和旅游指南：激励学生搭建高速公路、汽车、飞机、轮船等。

• 以前的儿童搭建的积木结构的照片。

• 安全帽。

• 一篮布料。

除了增添新材料，另一个丰富和深化积木搭建区的方法是鼓励小组合作项目。当儿童花费了很多时间探索积木搭建的可能性之后，你可以挂出一张大纸（或一块大的白板、一块大的粉笔板）供他们合作画出搭建方案（如图 4-8 和图 4-9）。

图 4-8　儿童列出要加入
积木搭建计划的一些想法

图 4-9　儿童在白板上合作
画出搭建计划图

当儿童在积木搭建区独自一人或小组合作进行搭建活动时，你需要观察儿童如何使用材料及如何与他人互动。记录、拍照、写写画画，然后用这些内容设计出一块文档板并展示在积木区。这种视觉展示能加强并扩展积木区的探究潜力。它帮助老师和儿童反思正在进行的项目，激励儿童持续合作和创新。它鼓励那些在搭建项目中投入了大量时间和精力的儿童邀请其他伙伴和他们一起工作。儿童可以持续多日进行这一项目直至最终完成。

积木搭建区还能够加强社会学探究项目的学习。如果你的班级正在学习"桥梁"，你可以加入毛线或绳子作搭建吊桥之用，或者加入滑轮来搭建可移动的桥。正在探究"超级市场"的班级则可以依据那些外出参观超级市场时拍的照片或书上的超级市场图片，设计一个属于自己的超级市场（如图 4-10）。

图 4-10 一个用积木搭建的超级市场

## 对积木搭建区的教学干预

当儿童全身心投入活动区的玩耍和探究时，教师基于观察的适当介入将有力支持他们的探究活动并使其探究体验丰富多彩。例如，当积木搭建区刚刚开放时，如果儿童选择独自探索积木玩法而非与同伴共玩，这是极为普遍的现象。可一旦你鼓励儿童一起合作搭建，这种各自独立探索的平行游戏将不会持续太久。如果你说"萨美，我想知道你这列长长的火车能不能开到苏斯的家里"，这可能就是萨美和苏斯共同搭建的开始。教学干预的关键是要以观察为基础并有意义。这种干预通常依据当时的情境和老师的期望进行。下面的教学干预表将提供一些在积木搭建区经常会出现的典型状况及可能的干预策略。

### 教学干预表

| 对情境的观察 | 可能的干预策略 |
|---|---|
| 　　孩子们努力在积木区搭建结构并计划第二天继续进行。当他们第二天返回学校时，发现前一天搭建的结构被参加课外活动的学生弄倒了。大家都很生气和难过。 | 　　首先，对孩子们的情况表示同情，然后问他们能否想到一个解决问题的方案。你可以问他们是否可以在积木区做出标识或放一些分界屏障来帮助解决这一问题。 |
| 　　孩子们彼此撞到一起，不小心将搭建结构撞倒了。大家都很生气。有的孩子还哭了。 | 　　全班集会讨论这一问题并想出一些解决问题的策略。你可能只允许三个孩子同时使用积木区或将积木区扩大，将毗邻的活动区缩小。通常孩子们会想出你完全想不到的解决方案，你可以与他们展开对话并将对话焦点放在对他们想法的尊重及重视上。 |
| 　　孩子们每次在积木区都重复搭建相同的结构。 | 　　在班级迷你课上，介绍一些带有有趣建筑结构图片的书籍。你可以在积木区添加一些方格绘图纸，以便孩子们设计新的建筑结构及记录搭建完成的结构。请提醒孩子们将所有新加的细节都记录在设计图上。老师可利用这一机会介绍"修订"一词的含义。孩子们在写作工作坊进行写作练习时也常常需要对自己的作品进行"修订"。 |
| 　　某些孩子总喜欢参与积木搭建区的活动。你希望其他孩子也有兴趣对这一区域进行探索，尤其是那些每次都尽量避免参与这一活动的孩子。 | 　　在积木区添加新的材料，如娃娃屋的家具、小动物、汽车、火车等。想一想哪些材料能激发那些拒绝参与积木区活动的孩子的兴趣。 |
| 　　积木区的收拾和整理工作一片混乱。你注意到有些孩子拒绝选择积木区，因为他们不想收拾和整理积木区。 | 　　鼓励孩子将不属于自己搭建结构的积木拿走，这样就不会令积木区过于凌乱。<br>　　用绳子将盛牛奶的箱子绑起来，当作运送积木的小车。每个孩子可装满一车积木，把车开到积木层架，再将积木按位置放好。 |

### 积木搭建作为走进儿童情感世界的一种方式和途径

　　如同任何假扮型玩耍，积木区有时会成为儿童走进情感世界并在有安全感的情况下表达其生活困境的有效场所。请想象这样一个情境：伦纳德让卡尔进到一个没有窗户的封闭小房子里。每次，当卡尔把胳膊伸出来，一块积木就会掉下来，伦纳德则很快将积木放回去。这样的情况持续几次之后，伦纳德跑到图书角，每次从那里选一个毛绒动物玩具，再跑回积木区，将毛绒玩具送给卡尔。持续几次之后，卡尔的毛绒动物越来越多了。我对这一切都很好奇，于是走到积木区，询问伦纳德他们在做什么。伦纳德说："卡尔在监狱里，但不用担心，我给他拿来了玩具，所以他不会害怕。"积木搭建给伦纳德提供了一个安全的出口和渠道来表达他对父亲的担忧。他的父亲当时正在监狱里。

## 另一个选择：创建一个积木搭建室

　　如果你的学校有暂时不用的教室或储藏室，你可以把它变成一个积木搭建室，供老师们分享使用。这样的安排尤其适合那些进行大型合作项目的一年级和二年级学生。在纽约市一所学校的积木搭建和探究室中，一组学生通过绘制壁画、建造模型、搭建建筑结构来延展他们的社会学项目。一组正在学习和研究纽约市地铁系统的一年级学生用积木建造了火车轨道和火车站。他们还为火车站绘制了大型壁画并建造了列车车厢。

　　下面列出了积木搭建室设置及实施的几个例子：

　　• 用胶带将地板围成不同的方形区域。区域要足够大，能使三四个儿童共同合作搭建。

　　• 每位老师为自己的班级签字报名，每次可以使用积木搭建室一周时间。

　　• 儿童合作搭建的项目通常要与他们正在学习的探究主题有关。

　　• 每班的儿童被分在不同的搭建小组或搭建委员会。小组成员共同绘制项目设计图并列出所需材料清单。

　　• 老师记录项目的进展，帮助儿童对自己的学习体验进行反思。

- 在集会时间分享并讨论项目记录，使儿童明确"已经做了什么"及"还需要做什么"。

- 合作项目完成时，老师和儿童与整个学校社群分享项目成果，包括他们的设计计划及绘制作品。

科学远远不只是知识的载体，更是一种思维方式。

——卡尔·萨根(Carl Sagan)

# 第五章　科学区

　　有一天，玛丽·艾伦·穆萨吉雅将一张水桌添加到其幼儿园教室的科学区。麦克、大卫、布莱斯特和约书亚正在水桌做实验。麦克用吃冰激凌的小勺将水舀入浇花用的水壶中。他自言自语道："水快点上来！水快点上来！"

　　大卫过来和麦克一起玩。他们将小勺换成小杯，共同往水壶里舀水。

大卫兴奋地跳起来，催促麦克"把水加满"。麦克看了看水壶说："还需要更多水。"水壶满了之后，他们一起抬起水壶，将水倒入水车。当轮子开始转动时，他们高兴得手舞足蹈。

布莱斯特正在努力操作一个小水泵，但她需要帮助。大卫过去帮她。大卫说："这个很简单。布莱斯特，你看，你可以这样做。知道了吗？"

约书亚正在用一个小瓶子滋水。他把水滋到水车上并说道："我有水。谁还要水？"

布莱斯特回答："我要水。你滋得再用力些，这样水车轮会转得更快！"

一遍又一遍地舀水、倒水、舀水、倒水，四个孩子为水着迷，也为自己的探索力量着迷。

小孩子生来就是科学家。他们试验、探究、观察、质疑周围的世界。当蜗牛慢慢爬行时，他们近距离观察蜗牛的一举一动；他们把树叶丢进水里，思考树叶为什么不会沉入水底；当发现把水倒在水车上能使轮子转动时，他们兴奋不已。对小孩子来说，整个世界就是一个大的实验室。在科学区，我们把外面的世界引入课堂，然后为孩子们提供需要的工具和材料，让他们像科学家一样去观察和探索。

图 5-1 近距离观察一条蠕虫

像上面的课堂实录中所提到的，当麦克、大卫、布莱斯特和约书亚在科学区合作探究水车的奥秘时，他们实际上已经自然地实施了《新一代科学课程标准》（*Next Generation Science Standards*，NGSS）中 8 种科学实践里的好几种：

1. 提出和定义问题；

2. 发展和使用模型；

3. 计划和实施探究；

4. 分析和解读数据；

5. 运用数学和运算思维；

6. 构建解释和设计解决方案；

7. 带着证据参与争论；

8. 获取、评估和沟通信息。

孩子们通过适合其发展特点的方式参与以上实践。在老师的支持和帮助下，孩子们在学年中以各种方式进行探究，他们能够学会使用所有这些方式，像科学家一样体验这个世界。

另外，麦克、大卫、布莱斯特和约书亚也展现了很多重要的思维习惯（请参考下面有关"思维习惯"的具体介绍）。通过持续往水壶中加水使水车轮转动，他们展示了坚持精神；通过选择使用滋水瓶、小水泵和小水杯这些工具，他们展示了弹性思维，即尝试使用不同方法解决问题；大卫展示了以理解和同理心认真倾听，当发现布莱斯特操作水泵需要帮助时，他教布莱斯特如何使用水泵；在持续的玩耍和探究中，孩子们展现了合作精神；当他们找到令水车轮转动的方法时，孩子们脸上的兴奋和激动明显展示出他们是如何以好奇、赞叹对自己的探索和发现作出回应的。

在《跨越课程的思维习惯：适用于教师的实用和创意策略》(*Habits of Mind Across the Curriculum*：*Practical and Creative Strategies for Teachers*，2009)一书中，阿瑟·寇斯塔(Arthur Costa)和贝纳·卡利克(Bena Kallick)两位作者提出了明智的人面对问题、困境和谜题时所展现的 16 种思维习惯：

1. 坚持不懈；

2. 控制冲动；

3. 以理解和同理心认真倾听；

4. 弹性思维；

5. 对思维本身进行思考（元认知）；

6. 精益求精；

7. 提问和质疑；

8. 在新情境中运用已有知识；

9. 清晰地思考和沟通；

10. 使用所有感官收集信息；

11. 创造、想象和革新；

12. 以好奇和赞叹作出回应；

13. 敢于负责任地冒险；

14. 寻求幽默感；

15. 合作思考；

16. 对持续学习保持开放心态。

图 5-2　用水做实验

不难想象，儿童在科学区合作学习和探究将帮助他们培养阿瑟·寇斯塔和贝纳·卡利克提出的所有思维习惯，并帮助他们实现《新一代科学课程标准》提出的 8 种基本科学实践。科学区是一个丰富的探究场所，儿童在这里以科学家的角色运用各种工具和材料参与研究和实验。你将在本章节学到如何设置一个充满活力和令人兴奋的科学区，以帮助儿童成长为聪慧的问题解决者和严谨的小小科学家。

## 科学区的设置

新学年伊始，一位老师在设置科学区时认真考虑了即将入校的学生的背景和状况。他的学校距离湾区和大海都只有很短的步行路程，因此他知道学生在入校之前已经对海滩有了第一手的知识和经验。暑假期间，他收集了很多贝壳，然后在 9 月首次激起了科学区活动探究的火花。

科学区开放之前，这位老师在班级集会中分享了他收集的贝壳。他首先问学生那些贝壳是否让他们联想到了自己的暑假并邀请学生分享各自的假期故事。之后学生两人一组观察了一些贝壳并进行了一场班级讨论："谁知道为什么这些贝壳看起来不完全一样吗？你发现它们有哪些相似之处？有哪个贝壳让你感到惊讶吗？"老师将学生的观察和分享一一记录下来。

第二天，当全班一起再次讨论这一话题时，一个学生分享了自己的观察：有些贝壳很光滑，有些贝壳很粗糙。老师回复道："我想知道为什么不是所有的贝壳都那么光滑？"然后老师继续邀请其他学生分享自己的发现并将学生的分享记录在前一天用过的同一张大纸上。

第三天，科学区终于开放了。老师鼓励那些选择研究贝壳的学生尝试为同学们提出的问题找到答案。老师把记录着问题的大纸挂在科学区。如果有学生在任何时候找到某一问题的答案，大家都将在集会时间共同分享。因为这些一年级学生正在开始尝试很多独立写作练习，老师还特别设置了一块以"科学发现"为标题的展板，学生可以用文字写下任何问题的答案。

### 以儿童为中心的设计计划

当设计你的第一个科学区时，认真考虑儿童的背景和经验对你会很有帮助，因为一旦儿童可以将已有经验带入新的情境，他们在科学探究过程中将获得更大的成功感。由于你所在的地理位置是所有儿童共有的特性，因此你的科学区设计可以就从这里开始。研究贝壳对生活在海边的儿童来说是一个不错的切入点，但对于生活在艾奥瓦州中部的儿童来说可能并不是最好的选择，研究土壤或石头可能更适合那一区域的特点。

请确保你为科学区选择的材料易于寻找且并不昂贵。那些材料应该能够为儿童提供足够开放的机会进行创造性研究和探索（如图 5-3 和图 5-4）。

图 5-3　将小树枝和
小石头作为探究材料

图 5-4　一个孩子在探索树枝

另外，儿童能独立并安全地使用各种材料也十分重要。当儿童首次使用科学区时，如果你长时间徘徊在那里并参与其中，儿童就会依赖你并期望你在那里引领他们的探究活动。尽管每一组儿童都各不相同，这里还是有一些经过尝试并证明是大多数儿童感兴趣的材料和研究主题：

- 贝壳、蜗牛和寄居蟹；
- 磁铁；
- 种子和豆荚；
- 树叶、树枝和树荚；
- 植物和花；
- 水；
- 颜料。

- 砂子、石头和岩石；
- 生命周期（蝴蝶、青蛙、饭虫）；
- 孵化器中的小鸡；
- 鸟的羽毛、骨头和鸟巢；
- 影子；
- 昆虫；

毫无疑问，在学生进入学校仅几周之后，你就能清楚了解你班上这组学生的特点及他们对科学探究有哪些方面的独特兴趣。学生探究的可能性无边无际，他们通常通过提问衍生出很多新的想法。例如，在 2010年 4月，我班上的一个一年级学生带来一篇关于"深海石油泄漏"问题的报纸文章。我们讨论了那篇文章。学生对清洁水源所面临的挑战表现得既不安又着迷，于是我们决定成为石油清洁科学家并在科学区实施科学试验。我们在平底锅里装满水，往锅里滴一些油，然后尝试使用不同材料清洁水里的油。最后，最成功的清洁工具聚焦在鸟的羽毛并进一步引发大家关注鸭子在水中的状况：水中的油是否粘在鸭子的羽毛上，就像实验中油粘在鸟的羽毛上一样？这一话题引出更多有关石油泄漏对自然环境影响方面的问题与研究。最后，一组学生将他们的学习体验转化成行动——给负责石油泄漏问题的公司写了一封信分享他们的研究和建议！

### 为科学区提供适当的工具和器材

一旦决定了儿童在科学区将进行哪些方面的探索，下一步你就需要考虑哪些工具和器材能最好地支持他们的探究活动。例如，在上面提到的贝壳研究中，科学区为儿童提供了不同类型的基本工具和研究支持：儿童使用放大镜、尺子、卷尺和天平测量不同的贝壳并比较它们的特性；儿童使用盛鸡蛋的盒子将不同贝壳分类；儿童在标题为"贝壳探索"的空白书上用石墨铅笔、彩色铅笔和蜡笔以文字或图画的形式将自己的观察和发现记录下来；在接下来的研究中，科学区还提供了贝壳和软体动物的图片以及一篮关于贝壳的图书（包括一本贝壳手册）。

关于贝壳的图书：

• 《你能找到这些贝壳吗？》作者：卡门·布莱德森

(*Can You Find These Seashells*? by Carman Bredeson)

• 《谁住在贝壳里？》作者：凯瑟琳·韦德纳

(*Who Lives in a Shell*? by Kathleen Weidner)

• 《贝壳，贝壳，贝壳》作者：南希·伊丽莎白·瓦雷斯

(*Shells，Shells，Shells*，by Nancy Elizabeth Wallace)

• 《我的贝壳书》作者：艾琳·科克

(*My Shell Book*，by Ellin Kirk)

• 《海滩上的贝壳》作者：玛瑞安·博克斯

(*Seashells by the Seashore*，by Marianne Berkes)

• 《谢尔曼换贝壳》作者：简·克拉克

(*Sherman Swaps Shells*，by Jane Clarke)

在科学区放置哪些工具基本上取决于儿童正在探究的材料和主题，例如，对水的探究相对于对种子的探究来说，需要使用截然不同的工具。像材料选择一样，工具的选择有很多的可能性，一些标准选择如下：

• 具有分类用途的托盘、杯子或盒子；
• 显微镜（最好是能投影到屏幕上的电子显微镜）；
• 照相机；
• 定时器和秒表；
• 漏斗；
• 量杯和勺子；
• 塑料杯；
• 镊子；
• 塑料袋；
• 滴管；
• 护目镜；
• 实验工作服（可以把大人的大号白衬衫剪短，再贴上儿童的名牌）；
• 厨房秤；
• 温度计；
• 日期邮戳（用于记录学生的观察和发现）；
• 非小说类图书和杂志。

除了拥有进行科学实验所需的工具和设备外，儿童还要像科学家一样收集观察数据（如图5-5）。他们可以使用自备的科学笔记本，也可以使用科学区提供的空白本子做记录。在《以科学为起点：向儿童介绍探究

策略》(*Starting with Science*：*Strategies for Introducing Young Children to Inquiry*)一书中，玛西娅·特海姆·埃迪逊(Marcia Talhelm Edson)做出了如下解释："当我们讨论在幼儿园、学前班和小学教室使用科学记录本时，我们是以职业科学家的科学记录结构为基础的。这些工作文件将儿童的想法和观察数据记录下来，然后儿童以这些数据为依据，发展新的理论、作出科学判断、提出相关问题或分享观察结果。"(2013，p. 34)

**图 5-5　在科学区做观察记录**

为了更好地支持儿童做数据记录和观察记录，老师可以考虑创建一面词汇墙，将儿童需要的词汇列出来，并提供对应的图片帮助他们理解词汇的意思。我认识这样一位老师，她将一块绒毡展板挂起来，在每个词汇的背面粘上一个尼龙搭扣。儿童写作的时候可将需要的词汇从绒毡板上拿下来做参考。在一学年中，随着研究课题的变化，你可以针对不同探究主题介绍新的词汇。

## 介绍科学区

为了解释儿童在"理解"方面的发展，让·皮亚杰(Jean Piaget)曾经写道："儿童只有在亲自参与发明创造活动之后才能真正理解(一件事情或一个现象)，然而，我们每次都试图快速地教他们应该怎么做，实际上却阻碍了他们自发的发明创造。"(Pulaski，1970，p. 197)任何时候在开启一个新的科学区探索活动时，快速教他们应该怎么做或在没有充分准备好的情况下急于将他们送到科学区参与活动，都是不恰当的做法。当你连续几天向他们介绍一个新的活动时，可以创设预期并鼓励更多与探究活动相关的课堂讨论。这样，儿童在动手操作和实施探究之前，实际上已经对活动的诸多可能性进行了仔细琢磨和反复思考。

你可以采用多种方式向全班儿童介绍新的活动区。在集会时间，可以借助朗读活动分享一本与探究主题相关的书，并讨论关于这一主题儿童已知的内容和存在的问题。你也可以像前面提到的那位收集贝壳的老师那样，分享科学区的一些材料和工具，邀请儿童分享这些材料与自己的经历有哪些联系。一个小型的外出活动也是增加儿童兴趣的有效方式，例如，如果你们要探索树叶，你可以带儿童到周边社区走一走，让儿童收集各种树叶，然后在集会时间分享各自找到的树叶（如图 5-6）。基本上，任何可以使儿童参与讨论、思考、提问的机会都能激发他们对探究活动的期待，提高他们的探究兴趣。请确保将儿童提出的问题都记录下来！

图 5-6　为科学区收集树叶和树枝

你可能还需要用一天或两天时间介绍一些工具并示范如何使用那些工具，尤其是当你加入新工具或精致工具时（如显微镜）。在学年刚开始的时候，你要考虑向儿童展示科学实验室的照片或阅读与科学实验室相关的书籍，然后与儿童讨论为什么一个整洁有序的科学实验室对科学家至关重要，最后你需要让儿童帮你设计出爱护科学区、爱护探究材料和设备的实用细则。让儿童参与规则制定将使他们对科学区产生强烈的责任感和归属感。

在介绍科学区期间，示范不同类型的提问和质疑技能十分重要。这将使儿童看到伟大的科学发现是如何基于质询、调查和讨论而实现的。例如，如果你正在科学区介绍"鸟巢"，可能会抛出下面这些问题：这个鸟巢有多大？什么种类的鸟适合住在这样的鸟巢里？这个鸟巢是用什么材料做成的？什么鸟能找到那样的材料？我们怎样能找到这些问题的答案？我们能否使用科学区提供的工具学习更多关于鸟巢的知识？这种深思熟虑、直截了当的提问和质疑技能，示范了一种严谨的科学姿态，并将科学研究不断丰富和扩展。

理论上，当正式开放科学区时，老师手上应该已经有了记录儿童各种探究问题的图表并要将图表挂出来。同时，儿童也应该很清楚接下来的调查和探究将如何进行。我们要邀请和鼓励儿童自己找到那些问题的答案。

### 在需要的时候加入新材料

首次开放一个新的活动区角时，最好不要将所有材料一次性都拿出来。你可以先拿出那些最吸引人并能帮助儿童找到问题答案的材料，然后，随着每个探究活动的进展有目的地加入新材料。有时你可能需要马上添加一些新材料，但通常你需要等到儿童的探究活动越来越复杂或他们的探究兴趣明显减弱时再添加。

回想一下那个关于贝壳的探究活动。老师先放置各种不同类型的小贝壳来启动科学区的探究，几天之后再加入一个非常大的海螺壳鼓励新的观察和探索。如果儿童对测量贝壳的大小表现出浓厚兴趣，老师会添加厚的坐标纸助力儿童的测量活动。如果儿童对贝壳的质地感到着迷，老师则会加入橡皮泥或黏土让儿童制作贝壳的印记。老师还可以带儿童去海滩捡拾更多的贝壳或者在科学区添加寄居蟹或蜗牛，让儿童看到贝壳如何保护生活在其中的软体动物。

一旦儿童开始了在科学区的探索，你会看到很多将探究活动延伸的可能性。事实上，如果你经常让儿童在全班集会上分享各自的探究体验，他们肯定能想出将探究活动扩展的新想法。有目的性、有针对性地加入新材料和新工具，是抓住儿童兴趣的有效方法。当你观察和思考这些可能性时，可使用以下几个基本问题引领你的科学区实践：

- 儿童是否正在关注一项特别的工作或主题，且这项工作可通过加入新材料和新工具而获得支持？
- 儿童是否准备好使用更加复杂的记录技巧(象形符号、结构图、科学方法范例、记录表)？(如图 5-7)
- 是否能将探究活动移到室外进行(如外出考察)，以使儿童能加入自己找到的新材料？

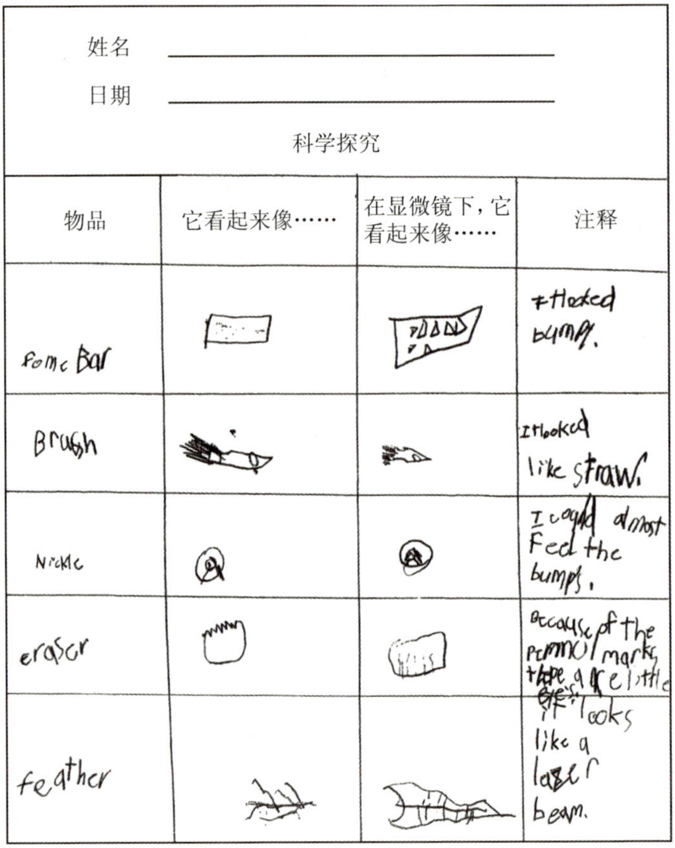

姓名 ____________

日期 ____________

科学探究

| 物品 | 它看起来像…… | 在显微镜下，它看起来像…… | 注释 |
| --- | --- | --- | --- |
| Fomc Bar | | | It looked bumpy. |
| Brush | | | It looked like straw. |
| Nickle | | | I could almost Feel the bumps. |
| eraser | | | Because of the pennsil marks there are little |
| feather | | | it looks like a laser beam. |

图 5-7　一个儿童的记录单

## 密切关注“问题”

在整个探究过程中，“问题”扮演着极为重要的角色。在介绍一个新活动时，你开始示范提问和质疑，之后在与儿童的互动过程中，你还要持续示范这一动作。事实上，在《科学入门：迎接挑战》(*Primary Sci-*

*ence：Taking the Plunge*）一书中，温·哈伦（Wynne Harlen）已经提出：口头提问是"建立一个有助于儿童提问氛围的最重要因素"（2001，p.39）。我们的目标是提出具有激发性和开放性的问题，以延展儿童的思维并鼓励他们对问题进行深思熟虑和个性化地回应。请注意下面的教学干预表中两类问题的差异性。

### 教学干预表

| 关注答案的问题 | 促进探究的问题 |
|---|---|
| 我们有多少个带斑点的贝壳？多少个带条纹的贝壳？ | 如果将这些贝壳按不同的图案分类，你发现了什么？ |
| 你能列出几个步骤来展示茧如何变成蝴蝶吗？ | 你怎么知道蝴蝶什么时候会从茧里钻出来？ |
| 你怎样将石头从土壤中分离出来？ | 你会用哪些材料将石头从土壤中分离出来？ |
| 你知道你画在皮影上的脸谱为什么没有在屏幕上显现出来吗？ | 你怎样制作一个皮影并展示出眼睛、鼻子和嘴巴？尝试用废纸做实验，看看会发生什么事情。 |

这些问题的差异很细微但十分重要。在教学干预表中，左栏的问题关注答案，右栏的问题则关注可能性和扩大好奇心。在《倾听儿童的声音》（*On Listening to What Children Say*，2007）中，薇薇安·嘉辛·佩利（Vivian Gussin Paley）建议老师要示范好奇心而非答案，因为将问题与儿童的科学探究相联系比获得问题的答案更重要。

当然，儿童一定会提出自己的问题。他们无尽的好奇心将点燃活动区的热情并引领探究的方向。在 2010 年与史蒂文·寇伯特（Stephen Colbert）的访问中，天体物理学家尼尔·迪格瑞斯·泰森（Neil deGrasse Tyson）将科学描述为"以工具武装自己来解读周围世界的一种方式"。他极力支持儿童发展"科学素养"，认为那是一种"展示思维的能力"（具体内容请参见网页 https://www.youtube.com/watch？v＝bzf-yTj9RZc）。我们对于儿童质疑和好奇心的反应，将支持他们科学素养的发展并引导他们以"玩"为主的探究活动不断前行。

提供一个合适的地方记录儿童的问题和想法十分重要。因为儿童提问题的时候你不一定总有机会在旁解答，所以如果儿童能自己把问题和想法写下来，那将很有帮助。你可以把一些便利贴放在记录儿童问题的大纸旁边，这样也方便你将儿童的问题贴在记录大纸上自由移动、拿下来或加入新的问题贴。我们可经常组织全班儿童共同讨论那些问题，分享他们对问题的理解，甚至误解。大家一起讨论的时候，多让儿童解释自己的想法。随着时间的推移，分享自己的想法将成为学生的第二天性。

儿童的问题表述通常与他们对科学现象的观察融为一体。老师需要一些特别的技能来识别这些问题，并帮助儿童重新梳理他们的想法。例如，有一次，我看到一个孩子在水桌旁用一个纸杯盛水，但纸杯很快就碎裂了。孩子发疯似地喊道："水杯坏了！发生什么事情了？我的水杯变成了碎纸片！"面对这一状况，我没有直接向他解释纸在水中会碎裂，而是利用这个绝佳的机会建议他去探索不同材料在水中会发生哪些不同的反应。我说："你观察到纸杯在水里会碎裂。如果把我们在点心时间用的塑料杯或咖啡杯放到水里会发生什么事情呢？水桌下面的锅里还有一些金属杯。你能不能先做个实验，然后决定在水桌用什么杯子盛水最好？"一个简单、直接的解释和答案会关闭所有的探究机会，但以上面的方式重塑儿童的观察和思考则能够点燃新的探究火花。

## 从观察中学习

随着时间的推移，儿童的学习不断深化。我们 9 月在科学区观察到的情况与下一年 3 月期望看到的情况会有很大差异。学年刚开始的时候，老师努力尝试了解儿童已经知道些什么以及他们已经会做些什么，这些信息将帮助老师确保儿童在一整年中持续成长。例如，在学年伊始，你可能并不期望儿童以坚韧不拔的态度反复尝试新的实验，但在之后的几个月中，你可能逐渐会有这样的期望。

在科学区观察儿童时，你需要考虑从两个维度进行观察：第一个维度是团队合作，即儿童如何在小组中合作探究和玩耍；第二个维度是科学素养，即儿童如何像科学家一样学习和工作。下面将从两个维度列出我们在观察儿童时需要思考的基本问题。

### 团体合作

- 儿童如何互动？探究活动是否促进或阻碍儿童间的合作？
- 能否通过增减材料实现更有效的合作和探究？
- 儿童是否对某一探究活动失去了兴趣？能否从这一活动引申出新

的探究主题？

**科学素养**

• 儿童是否根据自己提出的问题或班上其他小朋友的问题设计和实施科学实验？

• 儿童进行的科学探究是否能帮助回答以下几类问题：为什么？怎么样？如果做这样的尝试会怎样？

• 儿童是否发现变化并讨论这些变化？有哪些相同点和不同点？

• 儿童是否在对话中使用了科学术语？

• 第一次实验失败后儿童是否再次尝试？开始进行某一活动时遇到困难，他们是否还能坚持继续探究？

• 儿童是否能描述他们的发现？他们能否找到合适的方式记录自己的发现？

• 儿童是否将写作与科学探究活动相融合？

• 儿童是否参考相关的图书？是否有更多机会将阅读融入科学探究？

• 儿童是否使用了一些数学策略（运用图表展示探究成果，运用天平称重和比较，根据大小、形状、重量或颜色将物品分类）？（如图 5-8）

图 5-8　用天平称乌龟的重量

## 聚焦以探究驱动的活动区

当芭芭拉·马休斯（Barbara Matthews）和佛朗斯·萨克得夫（Frances Sachdev）探索《完整选择科学系统课程》（*Full Option Science System*，FOSS）中的"织物"单元时，他们将科学区的活动加以延伸，鼓励儿童探索各种不同织物的质感和重量。作为社会学科目的一部分，儿童外出参观了一个当地的市场。他们惊喜地发现了一个服装摊位。佛朗斯提出儿童是否可以自己设计和制作衣服，然后放到他们在假扮区创造的班级市场中。于是，大家开始集思广益。

一个儿童建议："我们需要不同颜色的布料。"于是，儿童到超市买所需的水果做颜料之用。他们用了几天时间在科学区煮甜菜和洋葱，制成颜料。他们还学会了如何给薄棉布染色。

下一步，他们用鞋盒织机、毛线和零布条等材料编织织物。他们通过实验观察用哪些材料编织效果更好。他们挑战自己，尝试使用各种非传统的材料，包括橡皮筋（效果不好）和鞋带。

儿童在编织过程中出现了错误，整块织物需要拆掉重织，但通过创造性地将毛线和各种材料合并融合，他们最终编织出了一块与众不同的织物。他们把那块织物送给在艺术区的同伴。在艺术区，同伴们将织物贴到用一种厚且不透水的纸做成的裙子和衬衫上。之后，整个作品被放置到位于假扮区的"市场"里进行展览。

## 丰富及深化科学区

一学年当中，对科学区的关注点可能会有所变化。当然，如果发现儿童对科学区的活动失去兴趣或不再选择科学区，你就应该做一些改变了。通常为了达到科学课程的要求，我们也需要做出相应的调整或改变。在科学区适当地扩展学习和探究活动，是深化儿童对科学理解的有效途径。我相信，老师们在需要的时候完全有能力对科学探索活动做出适当的调整和变化。我这里也有一些关于探究活动的建议，可供参考。

### 拆 装

把一个旧的、坏的或废弃的机器拆散，然后用拆下来的零件建造一个新机器或做成雕塑将激励儿童对鼓捣机器和创造性思考产生兴趣。毫不夸张地说，儿童喜欢将各种机械的东西拆散，包括真空吸尘器、收音机、电脑等。当然他们需要一些工具，尤其是螺丝刀和钳子，他们也需要护目镜（这一点非常重要）。请确保示范这些工具的使用方法。一个用于将不同零件分类的盒子是必备的，用于记录库存清单和儿童想法的空白本子也不可或缺。在之后的研究中，你可以考虑加入一筐相关的图书，如：安·莫瑞斯（Ann Morris）的《工具》（*Tools*），安·罗克韦尔（Ann Rockwell）的《工具箱》（*The Toolbox*），基尔·基蓬斯（Gail Gibbons）的《工具箱》（*Toolbox*）及辛迪·戴维斯（Cindy Davis）的《简单机器》（*Simple Machines*）。

当儿童拧下螺丝、观察零件的时候，可以鼓励他们想一想每个零件的作用及机器整体设计背后的原因。你可以介绍机器的设计图，也可以邀请他们把自己正在拆散的机器和计划建造的新机器画下来，重点是要帮助儿童在拆装过程中解释自己的想法和推理（如图 5-9 至图 5-11）。

图 5-9　在拆装角工作　　　　　图 5-10　拆装角的材料和工具

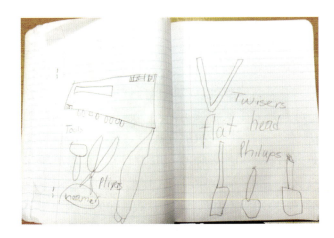

图 5-11　在拆装角做记录

### 造　船

在学习了水的性质和沉浮现象之后，可以鼓励儿童从艺术区选择不同材料造一条能浮在水面上的船，如使用黏土、铝箔、泡沫、木头、纸板箱等。船造好了之后，鼓励儿童写一本"如何造船"的书并在科学区展示出来。

### 探索蜗牛

蜗牛是无须太多照顾但又特别吸引儿童的教室宠物。可以先读一本关于蜗牛的书，再为蜗牛准备一个生活场所。一旦把蜗牛放到教室里，无尽的探究历程将从此开始，如蜗牛喜欢吃什么，它们怎么吃东西，它们的身体分为哪几部分，蜗牛如何分泌黏液，蜗牛如何移动，如果把蜗牛放到迷宫里会发生什么事情，为什么蜗牛是素食动物。

### 探索水与其他材料的混合

邀请儿童探索哪些东西可以或不可以与水混合。儿童要记录他们的实验，标记所用的材料，记录他们的预测、程序和结果。儿童可能用到的材料包括食物颜料、蔬菜油、胡椒、香料、食物萃取物、明胶、饮料粉、散装茶叶和茶包等（如图 5-12）。儿童还会给出更多的建议！

图 5-12　儿童在探索哪些东西能与水混合

### 观察动物

如果靠近班级宠物区域的设置便于观察和思考，儿童就会很愿意去那里探索。一些简单的教室宠物可能包括寄居蟹、鱼、蜗牛、昆虫、小蜥蜴或粟米蛇。仓鼠和豚鼠很柔软，很可爱，但有些儿童可能对动物皮毛过敏。在动物观察角，你可以加入下面一些东西：

- 一筐有关动物的图书，包括故事类和非故事类图书。
- 放大镜和"细节观察纸"（一种带窥视孔的纸，非常适合观察细节）。
- 夹纸的记录板或用于观察记录的小笔记本。
- 铅笔：用于画观察图表。
- 彩色铅笔：用于增加特别的细节。

当儿童观察动物时，鼓励他们参与有针对性的研究。我带的一个一年级学生想了解我们的班级宠物乌龟睡觉的时候是否会闭上眼睛，于是她仔细观察乌龟并读了一些有关乌龟的书。有些儿童对乌龟怎样吃东西感兴趣，于是他们把乌龟从水箱里拿出来，放到地毯上的大盆里。他们用一根胡萝卜诱惑乌龟，然后近距离观察它怎样吃东西（如图 5-13）。

图 5-13　一个儿童记录了乌龟的行为：它跟着我的铅笔移动

问题不是要教（一个孩子）科学，而是要让他（她）爱上科学。
　　　　　　　　　　　　——让-雅克·卢梭（Jean. Jacques Rousseau）

阅读一直是我的家、我的寄托、我伟大的无敌伴侣。特罗洛普(Trollope)将其称为"书之爱"。"只要你还活着，阅读就会让你愉快地度过每一天。"

——安娜·昆德兰(Anna Quindlen)

《阅读如何改变了我的生活》(*How Reading Changed My Life*)

# 第六章　阅读角

卡尔、理查德和萨拉每人从教室图书馆选了几本书，然后走到教室的"舒适角落"。他们蜷缩在豆袋椅上，开始阅读。卡尔和理查德分享一个豆袋椅，共同阅读一本关于恐龙的书。卡尔指着一张图片笑起来："看！巴士里面有泰迪熊！"理查德开始有节奏地吟唱一首关于泰迪熊的歌曲，卡尔和萨拉也跟着一起唱。

然后，理查德说："翻到下一页。"

卡尔照做，然后他指着一张恐龙图片大叫起来："看！你动这个东西的时候，恐龙的眼睛会转来转去！"

卡尔转动了书上的一个标签。理查德说："转得快一点儿！它看起来真可怕，它的眼睛好像在旋转。"

萨拉尖声地说："就像一只野兽在转动着它吓人的眼睛。我不喜欢这本书。我好害怕。"

理查德说："好吧，我们看别的书。"萨拉找了一本关于苹果的书，理查德拿了一本克里弗得（Clifford）的书，卡尔选了另外一本关于恐龙的书。安静地读了一会儿之后，他们把书互相交换着读。萨拉再次拿起那本恐龙书，翻到之前吓到她的那一页。她转动了书上的标签，让恐龙的眼睛不停地旋转，之后她快速把书合上，推到旁边。然后，她选了一本克里弗得系列的书，一边翻看一边自言自语地讲故事。

当我还是孩子的时候，我经常在我们住的小公寓里寻找秘密角落给心爱的娃娃读书，有时在桌子下面，有时在椅子后面，有时甚至在洗手间里。我有时会想像毛德·哈特·拉芙蕾丝（Maude Hart Lovelace）把我带到了明尼苏达州的深谷，来到了我最喜欢的系列图书的主角贝特斯（Betsy）和苔丝（Tacy）的世界。长大以后，我喜欢雨天的周末。在和煦温暖、阳光明媚的日子，我愿意出去走路、购物或参观博物馆，但在下雨天，我可以理所当然地待在家里，找一个舒服的地方坐下来读书（通常是在客厅的沙发上），让自己徜徉在阅读的快乐中。就像安娜·昆德兰（Anna Quindlen）所提到的："阅读不断地让我逃离喧闹的人群，进入一个属于自己的想象空间。"（1998，p. 31）

成为一名教师之后，我希望我的学生有一个舒适、温暖的藏身之处，能独立阅读或与同伴一起阅读优秀的童书，并进行或严肃或有趣的对话及讨论。我希望学生能从那里穿越"百亩林"（Hundred Acre Wood），爬到杰克探访巨人的神奇世界，或参观彼得和威利在布鲁克林的街道。在拥挤和忙碌的教室创设一个舒适的阅读角无疑传达出一个重要的信息：重视文学的价值，即使会在文学中失去自我。

在《打造阅读环境》（*The Reading Environment*）一书中，艾登·钱伯斯（Aiden Chambers）写道："每个读者都知道阅读场所会影响我们如何阅读，包括兴趣、意愿和专注力。在床上阅读感觉温暖、舒适和放松，这与等火车时在冰冷的火车站阅读，或于阳光下在拥挤的沙滩阅读，或在读者众多的图书馆阅读，或在早上 10 点坐在自己最喜欢的椅子上阅读感觉会大不相同。"艾登建议："如果我们想要真正地帮助他人（尤其是儿童）成为渴望读书、思维缜密的阅读者，我们需要了解如何为他们创造卓越的阅读环境。"（1996，p. 1）

在本章开篇的课堂实录中，卡尔、理查德和萨拉所经历的阅读环境实际上是一个微型的文学世界。他们共同阅读文字、谈论图片、比较图书、书写笔记、标示书页，他们甚至以唱歌的方式回应阅读。他们还展示出很多阅读思维习惯。下面举例说明这些思维习惯是如何融入儿童的课堂实践中的：

• 在新情境中运用已有知识：儿童将恐龙图片与之前读过的书中的怪物图片进行比较，如"它看起来真可怕，它的眼睛好像在旋转""就像一只野兽在转动着它吓人的眼睛"。

• 清晰地思考和沟通：萨拉对恐龙眼睛转动的反应非常清晰。她不想与同伴分享这本书，因为她觉得害怕。

• 合作思考：三个孩子都知道关于泰迪熊那首歌，理查德先开始唱，另外两个小朋友也加入进来。当他们翻到恐龙书的下一页时，卡尔注意到一个标签可令恐龙的眼睛动起来，就像在旋转。萨拉将这本书与之前读过的《野兽出没的地方》联系起来。他们共同对恐龙作出解读，即恐龙也是一种野兽。

• 对持续学习保持开放心态：萨拉重新找到之前吓到她的那本恐龙书，看自己是否有勇气独立阅读那本书。她还是做不到，但她对持续尝试表现出开放的态度。

阅读角为儿童提供了一个充分和独立参与阅读的场所，让他们以自己的方式享受阅读的乐趣（如图 6-1）。这是一个嘈杂和活跃的教室之中的绿洲，在这里，儿童和书籍以许多有效的方式联结到一起。

## 阅读角的设置

阅读角（reading nook）不需

图 6-1　在阅读角分享图书

要太大的空间，你也不想要太大的空间。《韦氏数字字典》（*Merriam-Webster digital dictionary*）将"nook"定义为"一个事物里面的小空间或小角落"，因此你教室中的阅读角应该小巧且舒适。

老师们通过很多极富创意的方法创造出一个个独特的空间，让孩子们可以蜷缩起来阅读或与朋友进行有意义的对话。梅丽莎·梅瑞姆（Melissa Merriam）在她的小教室里似乎找不到任何能设置阅读角的地方，但"需要是发明之母"，通过清空一组柜子的底部，搬进几把小号的椅子，将柜子门以两片薄软的窗帘代替，她创设了一个可爱的阅读空间。她还将儿童的家庭照片贴在墙上做装饰和润色（如图 6-2 和图 6-3）。儿童真正拥有了这个空间。

图 6-2　即使一个柜子
也能变成阅读角

图 6-3　一个舒适的椅子
会带来巨大的不同

一位布鲁克林区第十小学的老师请儿童帮忙设置一个阅读角。在早会时间，她告诉学生要创造一个特别的空间供大家安静阅读。儿童各自分享了他们在校外的阅读故事和经验，有的儿童将他们在不同地方读书的情境画了下来，有的从杂志上找来有关儿童阅读的图片，然后他们开始工作。他们在书架周围摆了几把小椅子、一个小沙发和几个靠垫；他们在书架上摆满了自己喜欢的故事书；他们在篮子里也放满了图书。他们创作了一幅阅读条幅贴在墙上，并挂出"来这里读书"的标语。阅读角即将开放并为儿童阅读和分享图书做好了充分的准备（如图 6-4）。

图 6-4  儿童合作设计并创造了这个阅读角

　　我通常用大的冰箱包装纸箱创造私密的阅读或谈话空间。住在我隔壁的一位木匠帮我在纸箱里面做了一个坚固的支撑框架。我将前面的纸板剪成一个拱形做成阅读角的入口，它同时也是让光线射入的"天窗"。地上放一个靠垫，铺一张地毯。孩子们特别喜欢在自由选择时段去那里读书。第一年，我让学生们给我们的阅读角命名。"安静"和"舒适"是他们描述阅读角时用得最多的词语，因此我们就把它命名为"安静、舒适的小屋"，并贴在了阅读角处。

　　我把一些图片贴在阅读角的墙壁上。有些图片显示出阅读的快乐，有些图片来自杂志，大部分图片是来自安德亚·克泰兹（André Kertész）1971 年出版的一本书中的照片。我也贴出自己拍摄的关于儿童阅读的照片，还有一些儿童自己画出的在家中阅读的图画。儿童沉浸在丰富的阅读情境中。

　　在设置阅读角之前，你首先要在教室中找到一个安静、偏僻的角落（如图 6-5），在那里放置适合儿童使用的舒适小家具，如豆袋椅、迷你沙发、瑜伽垫、靠垫、小地毯等，当然还要有一盏温馨的小台灯。你可以邀请儿童帮忙设计，使他们对阅读角更具有归属感。儿童可以画画、制作标志或拍照。一层薄薄的纱帘将使阅读角更具有私密性。你也可以在里面放一些毛绒玩具，如果儿童喜欢，他们可以抱着毛绒玩具读书。我曾经看见一个非常安静、害羞的孩子认真地对着一只毛绒兔子读书，在翻页之前，他还小心地给小兔子展示书中的图画。另外，在阅读角给儿童提供一些不同的工具也很有帮助，如用于做笔记的便利贴、铅笔、指物棒、书签等。

图 6-5　一个带纱帘的阅读角

儿童当然可以自己带书到阅读角去读，但在阅读角放一些书也是一个不错的想法。你可以把书放在小书架或展示柜上，也可以放在篮子或盒子里。在我的班里，我们每周会用一次班会的时间去讨论在阅读角应该放哪些书。最后的决定会受到正在学习的主题内容的影响。例如，如果我们正在学习"民间故事"，儿童会希望把他们喜欢的很多民间故事书放到阅读角；如果儿童正在进行早期阶段的故事书阅读，我会准备一篮相关的故事书，如艾丝菲·斯劳柏肯纳（Esphyr Slobodkina）的《卖帽子》（*Caps for Sale*）和罗伯特·麦克洛斯基（Robert McCloskey）的《小赛尔采蓝莓》（*Blueberries for Sal*）。另外，请一定要添加全班一起读过多遍而且特别喜爱的图书。在《读给我听：培养热爱阅读的孩子》（*Read to Me：Raising Kids Who Love to Read*）一书中，伯尔尼斯·E·卡利南（Bernice E. Cullinan）写道："孩子们愿意独立阅读那些之前听过或读过多遍的书。"（2007，p. 47）

## 建立阅读角的管理指南

如果儿童觉得自己是阅读角真正的主人，他们会帮忙建立阅读角的使用规则。作为老师，你是他们重要的支持者和帮助者。我们需要与儿童共同讨论和决定的事项包括以下一些内容。

- 多少个儿童可同时使用阅读角？

- 儿童在阅读角应遵循哪些行为规范？请要求儿童在读书或说话时要坐下来，避免将阅读角变成游戏室。你们可能还需要讨论如何在阅读角保持适当的音量：安静的阅读（无须寂静无声）听起来是什么状态？你还需要反复示范如何与同伴分享图书。

- 如何使用正确的方式拿书或保护图书？例如，不允许将图书散落在地上。

- 一次可将几本图书从教室图书馆搬到阅读角？这些书什么时候需要还回去？

- 是否请班长整理阅读角？

- 谁来决定每一周哪些书要放到阅读角？什么时候放？是否在每周五下午放，这样儿童在星期一早上就可阅读这些书？

- 谁负责把书放到阅读角？你去放还是请班级图书管理员去放？

- 每周或每月是否有阅读主题，如民间故事、桥梁、冬天、恐龙等？

## 启动阅读角

由于大部分儿童在入校前或入校几天后对图书就已经非常熟悉，所以与那些需要准备很多不同材料和活动的选择活动区角相比，启动阅读角显得十分容易。你有很多启动阅读角的方式，不论采用哪种形式，你可能都需要专门讨论一下世界各地的人们是如何享受阅读的。

在《如何培养良好的阅读品质》（*The Art of Teaching Reading*，2000）一书中，露西·卡尔金斯（Lucy Calkins）介绍了凯西·柯林斯（Kathy Collins）如何在新学年伊始邀请她的一年级学生带来最喜欢的书与大家分享并与学生展开有关阅读对生活的重要性的阅读启动对话。有儿童分享了他们在睡觉前与父母一起读书的故事：等自己的弟弟妹妹睡着了，爸爸妈妈才有时间给他们读书。一个儿童分享了她的奶奶给她读《圣经》，还用一小片废纸做书签的故事。通过请儿童分享各自的阅读故事，我们想让儿童知道我们重视每个人独特的阅读习惯和选择。关于儿童阅读生活的讨论，是对建立一个舒适的阅读角和给儿童提供自由选择性阅读的有机延续。

儿童还需要了解他们在阅读角可以自由选择喜欢的书（如图 6-6）。这与阅读工作坊不同。儿童在阅读工作坊需要读那些适合他们阅读程度的书。但读自由选择的书也很重要，因为儿童的个人兴趣和其独立阅读能力不一定完全相符。一个对"布鲁克林桥"十分着迷的儿童未必能找到自己完全能独立阅读并理解的相关书籍，但他在阅读角可能看到了美丽的布鲁克林桥的图片并研究书中的图表和地图。凯西·柯林斯（Kathy Collins）和麦特·格拉维（Matt Glover）曾经写道：教育者需要"逐渐使儿童获得一系列思维习惯，如好奇、质疑、提问、发展兴趣、清除困惑、分享知识等"（2015，p.78）。给儿童提供机会阅读，让他们更好地享受符合各自兴趣的图书，将传达出一个重要信息：图书和阅读在儿童的生活中具有重大意义。

图 6-6　一个孩子在选择自己喜欢的书

## 聚焦以探究驱动的活动角

探究项目有时会以极其偶然的方式出现。

有一次，我利用假期去伦敦参观。我带回一些不同风景名胜区的明信片与我的幼儿园学生分享。当我与大家分享关于"罗塞塔石碑"的一件复制品图片时，三个男孩子问我能不能在"选择时间"看看那件复制品。他们坐在那里用放大镜仔细观察图片，当发现那些象形文字图像时，他们既兴奋又好奇！那些象形文字代表什么意思？为什么会有那些文字？

更多的孩子围过来，想知道什么使这个新的活动区充满了兴奋和神秘感。在观察孩子的过程中，我想起一幅象形文字挂图在储物柜的某个角落收纳着。我找到那幅挂图，把它放到桌子上。孩子们很想解码石头上的一些文字。

那三个男孩子要求第二天仍留在那个活动区，因为他们有一个很棒的想法，但暂时保密。他们说需要一张大纸、胶水、记号笔和更多的纸。我很想知道他们要做什么，但首先要保证他们有进行这一秘密项目所需要的所有材料。

第二天，三个男孩子开始制作一张姓名卡。他们将一张纸对折，里面写上班里一个同伴的名字，外面写上象形文字。当分享姓名卡的时候，孩子们提出能否找到更多有关古代埃及的东西。

孩子们的兴趣引导他们去图书馆找到相关主题的书籍。我们还去布鲁克林博物馆参观了有关埃及的展览。之后新的选择活动区诞生了！一组孩子根据古埃及书籍上的有关图片用积木搭建金字塔（在那两个星期，我们听到很多积木倒塌的声音）；一组孩子使用电脑查找有关古代埃及的信息，他们将这些信息在卡片上记录下来或画下来；还有一组孩子用混凝纸建造了一个真人大小的棺木并编造了一个与躺在里面的人有关的故事。当棺木完全建好并风干后，全班小朋友跑到外面的活动场往它身上喷涂金色颜料。编造故事的孩子将他们的故事"翻译"到象形文字制作的纸条上，然后将一段段故事贴到棺木上（如图 6-7 和图 6-8）。

图 6-7　儿童共同制作棺木

图 6-8　已制作完成的棺木

　　这是一个短期的、意料之外的幼儿园探究项目，完全是由儿童的兴趣和热情所驱动的项目。

## 丰富及深化阅读角

　　一旦儿童获得了参与阅读角的经验并能够独立选择阅读角，你就可以考虑将此活动角根据儿童的兴趣进行进一步丰富及深化。阅读角有很多丰富及深化的可能性——基本上，任何与读者或阅读相关的活动都可能在阅读角发生。

### 使用按照"作者"和"主题"分类的图书篮

　　你可以鼓励儿童将图书按照"作者"和"主题"分类，制作不同的读书篮。我有幸发现这一策略是因为有一年我注意到本杰明持续不断地阅读苏斯博士（Dr. Seuss）的书，当时那些书散放在一个篮子里，还没有贴标签。在一次班会上，我对大家说我注意到本杰明特别喜爱苏斯博士的书，我想知道这些书为什么会让本杰明充满兴趣。孩子们纷纷举手并分享了自己的想法。他们最多的反应是"那些书很好玩"。本杰明补充道："是的，我喜欢那些图画。它们看起来真调皮！"

　　我也向大家吐露了我的秘密。我说："本杰明和我很相似。如果我喜

90

欢一本书，我会找到同一个作者写的其他书籍反复阅读。一年夏天，我读了伊莎贝尔·阿连德(Isabel Allende)写的三本书，夏天结束的时候，我又开始读第一本。我把所有伊莎贝尔的书收集到一起，然后放到书架上，所以我很容易在需要的时候找到这些书。你们也会这样做吗?"

然后，我给本杰明一个篮子，专门装苏斯博士的书。他把篮子拿到阅读角，建议他的小伙伴们如果在图书馆找到任何苏斯博士的书都可以放到那个篮子里。这个策略立刻激起了一股热潮!孩子们看到苏斯博士的书会主动放到篮子里。他们还将自己喜爱的书按不同作者分类，创建了新的图书篮，如唐纳德·克鲁斯(Donald Crews)、玛格丽特·怀兹·布朗(Margaret Wise Brown)、莫里斯·桑达克(Maurice Sendak)、艾瑞克·卡尔(Eric Carle)。有孩子问:"我非常喜欢弹出式图书(pop-up books)，我可以建一个弹出式图书篮吗?"也有孩子问:"我可以建一个有关猫的图书篮吗? 我想读很多关于猫的书，因为我妈妈说我们家很快就有一只小猫了。"教室里还发生了这样的情况:孩子们学习其他小朋友感兴趣的主题。有孩子借了别人的图书篮，拿到阅读角说:"今天我要读很多艾瑞克·卡尔的书，就像艾维琳一样。"

### 创造一块图书分享板

在阅读角加一块图书分享板可以使儿童有机会分享自己喜欢的图书信息和个人想法。年龄较小的儿童可从书中选择自己喜欢的图画画下来，贴到分享板上。一年级和二年级学生的分享则可以更加具体，如一个儿童写道:"我喜欢《野兽出没的地方》(Where the Wild Things Are)一书，因为它让我感觉到自己和麦克斯生活在森林里。我尤其喜欢麦克斯瞪着野兽怪物那一部分。"儿童也可以通过分享板互相推荐图书，如一个儿童写道:"我觉得萨梅应该喜欢读《大侦探内特》(Nate the Great)，因为萨梅喜欢解决谜题，就像内特一样。"这些简短的阅读分享将丰富并深化教室中的阅读体验，因为所有的阅读者都拥有属于自己的阅读特质。

### 增添一些工具以支持儿童的参与

增添一些简单工具可加深儿童对阅读角的兴趣。例如，有一年的万圣节之前，当孩子们正被兴奋的节日气氛所渲染时，我介绍了一本大书——阿尔文·施瓦茨(Alvin Schwartz)的《在一个很黑暗很黑暗的房间里》(In a Dark, Dark Room)。我关掉教室中的所有灯光，用手电筒照着书上的文字和孩子们一字一字阅读。在之后的几天，我让不同的孩子在阅读时间用手电筒当指字棒。第二个星期，我们一起讨论了如何安全地使用手电筒（永远不能将手电筒对着自己或别人的眼睛），然后我将一个小手电筒加到阅读角。孩子们特别喜欢把大书拿到阅读角，然后在阅读中轮流把手电筒当作指字棒，照亮文字进行阅读。当孩子们读故事时，重点突出每一个字是一个特别重要的经验，对那些刚刚开始关注文字的孩子来说，这种方法尤其重要。

### 邀请儿童为他们喜爱的图书制作新的封皮

在一个学年的后期，为自己喜爱的图书制作新的封皮是儿童非常喜欢的一项活动。当你介绍一本新书的时候，一定记得要研究它的封皮，包括图画、图书简介、扉页前面的简短摘要、封底的作者信息等。你可以邀请那些好几天连续在阅读角读书的儿童为自己喜爱的图书设计制作新的封皮。你可以尝试以下一些做法：

• 鼓励儿童重读并讨论那本书（如愿意，老师可加入讨论）。

• 帮助儿童将一张大纸折成图书封面和封底的样子（放在画架上的大纸通常比较适合）。

• 建议儿童根据自己对那本书的理解和感受为封面设计新的图画。

• 提醒儿童在设计中包括这些内容：书名、作者姓名和插图作者姓名（原插图作者和儿童的姓名都要包括其中，因为儿童是新的插画作者）。

• 建议儿童在封面扉页处写几个句子，描述书中的故事或主题。

• 让儿童在封底扉页处写几个句子介绍他们自己（姓名、年龄、兴趣等）。

• 将带有新封皮的图书放回图书馆或阅读角的篮子里。

• 之后你可以将那些重新设计的新封皮拿下来，放到阅读角展示。

### 抓住意料之外的探究机会

如果悉心观察那些经常光顾阅读角的儿童，你会发现很多在意料之外进行深入探究的可能性。例如，比尔·福尔布莱特（Bill Fulbrecht）注意到他的几个幼儿园学生把很多书堆在一起，放到阅读角的入口，然后邀请其他小朋友过来看书。他们告诉比尔他们正在开一家书店。比尔想知道这一兴趣将不断持续下去还是会在短时间内烟消云散。比尔发现这一兴趣不仅在不断持续，还吸引了越来越多的儿童前来光顾这个临时书店。在一次班会上，比尔问儿童他们对书店已经知道些什么以及他们还想知道什么。于是，全班组织了一次外出活动——参观当地的一家书店。回来之后，儿童决定在积木区建一家大型书店。他们用几天时间持续搭建，甚至还模仿真的书店建了一条图书传送带和一间小小咖啡厅。他们把书搬到新的书店并在之后的两个星期一直玩有关书店的假扮游戏。当兴趣减弱的时候，儿童将书店推倒，积木区也开始用于新的搭建项目。

这一深化探究活动经历了以下发展轨迹：

• 比尔注意到儿童在做什么，并通过提问的方式帮助他们进行自我反思。儿童的回应帮助比尔了解到他们的想法及行动意图。

• 比尔通过几天时间的观察了解到儿童对此项活动是否具备可持续的探究兴趣。

• 比尔与全班儿童分享自己的观察并与大家公开讨论这一话题。

• 比尔组织了一次参观书店的外出活动，使儿童获得真实生活体验。

• 比尔允许儿童将阅读角和积木搭建区合二为一，使儿童的学习经验得以拓展和融合。

• 比尔注意到什么时候儿童的兴趣减退及什么时候应该开始新的探究项目。

如果看到儿童在阅读角发展出一个特别的兴趣，请支持这一兴趣。提供一些关键的支持（如全班讨论如何调整活动角以支持儿童的兴趣、外出参观活动、增添新的探究材料等），将使儿童的学习和探究体验不断扩展和加强。

## 从观察中学习

阅读角是一个自由选择活动，也是与书籍和独立阅读相关的快乐学习与探究场所。当在阅读角观察儿童的时候，你会获得丰富的资源帮助你理解他们的阅读兴趣、阅读行为、阅读倾向及面临的挑战。认真的观察将使你能有目的性、有针对性地计划与阅读相关的所有细节——从阅读伙伴到阅读体裁，再到阅读工作坊和写作工作坊的学习与探究，例如，你可能会考虑"曼妮喜欢独自阅读吗""侯赛是一个社交型阅读者吗""孩子们对桥梁或火车方面的书籍着迷吗""孩子们是否对童话故事失去了兴趣"。

　　观察还能帮助你评估阅读工作坊的教学在何种程度上影响儿童的独立阅读。儿童将展示出他们学到了什么以及在哪些领域还需要花更多时间进行深入学习。以下是一些可能对你有用的阅读行为示例：

- 在阅读工作坊具体明确地使用学过的阅读策略。
  - 为了理解而再次阅读；
  - 建立起图画与文字之间的联系；
  - 展示正确的图书处理技能（例如：比较年幼的儿童需要知道拿书的时候封面朝上，翻书的时候需要从前往后翻）。
- 成为优秀的阅读伙伴。
  - 肩膀挨着肩膀坐好；
  - 正确地拿书，确保两个人都能看到；
  - 制订两人共读计划（合读或你读一页、我读一页）；
  - 停下来讨论读过的部分。
- 带着兴趣和热情阅读。
- 使用阅读工作坊介绍过的阅读工具。
  - 便利贴；
  - 指读棒；
  - 用手指指字（适用于初级阅读者）；
  - 书签。

　　在阅读角评估和观察儿童的时候，你需要决定什么时候退后观察，什么时候带着问题和建议介入儿童的学习和讨论。我们的目标是以审慎的方式支持儿童，而非让他们感到自己被评价、被指责。

图 6-9　两个孩子共读一本她们感兴趣的书

当遇到疑问时，你可随时在阅读工作坊解决观察到的问题，从而使儿童在阅读角始终保持一定的独立性。

## 对阅读角的教学干预

像任何活动角一样，阅读角有时也会出现一些问题，需要你的关注和介入。下面的教学干预表列出了一些常见的情境及干预策略，有助于儿童发展成为独立的阅读者。

### 教学干预表

| 对情境的观察 | 可能的干预策略 |
| --- | --- |
| 玛丽和麦克斯把很多书拿到阅读角。那些已经在阅读角的书杂乱地散落在地上。 | 问儿童是否已经考虑过哪些书适合他们的阅读计划。建议儿童讨论并决定他们需要多少本书。 |
| 悉尼和萨瑞在一页页轮流阅读，但很明显地看到书在悉尼的腿上，萨瑞很难看到书。 | 你可能需要让儿童讨论阅读时如何拿书。让他们决定采用何种方式阅读，如是一页一页轮流读还是两人合读。 |
| 凯瑞和约书亚想一起读书，但对读哪本书争论不休。 | 称赞他们想要合作读书，但也要了解他们所面临的困难。告诉他们类似的情况曾经发生在很多儿童身上。建议他们做一个选择图书的计划，也可以像阅读俱乐部中的读者一样轮流选择想读的书。 |
| 即使没有任何小朋友加入，艾瑞卡也选择去阅读角读书。你担心她可能无法在整个"选择时间"都全力参与阅读活动。当你去阅读角观察的时候，发现她正在惟妙惟肖地给一只泰迪熊读书。 | 问艾瑞卡当她给泰迪熊读书时你能不能一起听。听过故事之后，你可以问她是否愿意在班会上将她读的故事分享给大家听。如果她看起来有兴趣但有点勉强，你可以建议你们俩一起读，每人一页轮流读。 |
| 儿童正在以一种不恰当的方式在阅读角玩耍——爬到椅子上、互扔靠垫等。关闭阅读角是很容易的事，但这样做的同时也泯灭了自由选择的价值。 | 斥责不会起到长期的作用。我们需要讨论和解决问题。儿童虽然选择了阅读角，但他们是否真正对此感兴趣？他们是否清楚应该如何使用阅读角？你需要重新制定方向和目标。哪些书会点燃他们的兴趣？给他们一个空篮子，建议他们从图书馆选择一些他们想读的书，或者建议他们设计一张海报，描述如何使用阅读角并将海报挂出来。 |

　　如果某项教学干预策略对一部分儿童特别有效，你最好在班会时间将这一策略与全班儿童分享。你也可以提供一块宣传板，鼓励儿童分享在阅读角遇到问题时的解决策略。当然，我们的目标是帮助儿童享受阅读角并使他们成为优秀的独立阅读者和问题解决者。

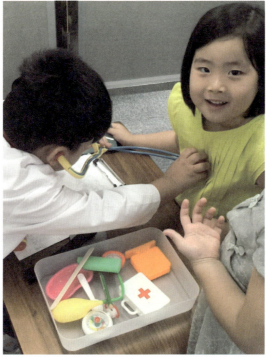

当儿童参与假扮型玩耍时，他们利用想象力超越现实的界限。一条小木棍儿可以变成一根神奇的魔杖；一只袜子可以变成一个活泼的手偶；一个小孩模型则可以变成一个超级英雄。

——弗雷德·罗杰斯(Fred Rogers)《罗杰斯先生》

# 第七章　假扮区

艾瑞琳和杰夫把我们的假扮区变成了医生的诊室。他们将玩具炉灶用白纸覆盖，变成了医生的诊疗床。艾瑞琳穿着银色的高跟鞋和我女儿的晚宴长裙。她把一个玩具娃娃放到诊疗床上，假装大哭起来。她边哭边喊："我的孩子死了！"杰夫是我们的"医生"，他穿着一件超大号的白衬衫，胸前挂着听诊器，在纸上快速做着记录。

杰夫说："别着急，我会救你的孩子。"他从医生的医疗箱里取出一根针，然后在玩具娃娃的胳膊上扎了一针。他说："好了，现在你的孩子活过来了。"艾瑞琳把孩子抱起来，从挂在肩上的小钱包里掏出一卷假钱给"医生"，然后高高兴兴地踩着高跟鞋离开了。

看儿童参与假扮型玩耍有点像欣赏塞缪尔·贝克特（Samuel Beckett）的剧作。塞缪尔是荒诞派戏剧的发起者。在他的剧作中，很多事情看起来好像是"正确的"，但又不完全正确，因为我们知道生活的真实面貌。在上面描述的假扮型玩耍中，艾瑞琳知道如果孩子生病了要带他去看医生，但她和杰夫都错误理解了死亡的概念和医疗职业的力量，在他们看来，医生可以奇迹般地将已经死亡的孩子救回来。他们根据儿童对人类生命循环的理解和对医生能力的信任来解决生活中的问题。薇薇安·嘉辛·佩利（Vivian Gussin Paley）将这种"死人变活"的玩耍类型定义为"魔法型玩耍"。在《男孩和女孩：娃娃区的超级英雄》（*Boys and Girls：Superheroes in the Doll Corner*）一书中，薇薇安写道："同样的魔法摧毁和复活，创造出一个孤儿或母亲，或《宇宙大作战》（*Green Slime*）中的奥特曼。想象的能力是魔法，把它付诸行动是戏剧，将戏剧表演出来就是解决问题的安全方法。"（1984，p. 80）

当我们让儿童自由使用物品和材料时，他们通过借鉴个人和集体生活经验深入挖掘自己的想象力。他们可能会把一个大纸箱变成房子或飞船。当他们坐在排成一排的椅子（一辆汽车）上时，一张折叠起来的方格纸就变成了一张方便的路线图，他们开着车到乡村去度假。飘动的布条可以变成女王的衣服，一把经过装饰的椅子就是为女王准备的宝座。A. A. 米尔恩（A. A. Milne）在《小熊维尼》（*Winnie-the-poon*）中完美地表达了这种假扮型玩耍的魅力：

"你好，兔子"，小熊维尼问道："是你吗？"

兔子回答道："现在假装不是我，看看会发生什么事情。"（1957，p. 106）

　　儿童以"让我们看看会发生什么"的心态参与各种可能的假扮型玩耍，并自由表达和解释他们对成人世界的认知和理解。当儿童玩耍时，他们综合过去的经验并展示自己对可接受的社会关系的理解，同时揭示他们的兴趣和困惑。当即兴创作角色和情境时，他们培养了支持其阅读、撰写故事和理解数学复杂性等认知思维。苏联心理学家维果斯基（Lev Vygotsky）曾经写道："玩耍包含所有的发展倾向，它们以浓缩的形式存在，并且本身就是发展的重要源泉。"（1978，p. 102）

　　即使在一段简单的假扮型玩耍中，丰富的学习体验也同时发生着。例如：当儿童将一个故事表演出来时，他们在故事中的叙述语言有可能在进行写作活动时重复使用；他们创设出一个个生活背景，支持他们理解文本内容并预测故事接下来会如何发展；通过为餐馆、医生的诊室或邮局制作标志，他们开始理解文字在环境中所起的作用；通过重新布置家具创建商店、医院或太空站，儿童发展了对空间关系的理解；通过为一顿假装的晚餐摆设餐具，儿童发展了计算和匹配技能。作家和博物学家戴安·阿克曼（Diane Ackerman）认为"玩耍是我们大脑最喜欢的学习方式"（2000，p. 11），当儿童参与任何一个假扮型玩耍时，这一真相都被表现得淋漓尽致。

图 7-1　在假扮区对婴儿进行
医疗检查是一项严肃的工作

图 7-2　儿童设计、建造了
一间急诊室并贴上了标签

## 假扮区的设置

任何花很多时间观察儿童的人都知道，儿童无须太多鼓励就可参与假扮型玩耍。即使是最简单的物品，也会在富有想象力的儿童手中迅速转化成人们意想不到的东西。认识到这一点，我们就知道假扮区的探究可能性几乎是无可限量的。那么，你可以从哪里开始设置假扮区呢？

你可以首先考虑儿童的年龄。在新学年开始时，幼儿园的假扮区通常类似于厨房，也可能包括带有毯子、娃娃和毛绒动物的婴儿床。这种熟悉的配置很重要，因为它可以帮助儿童实现从家庭到新的、不熟悉的教室环境的过渡。在学年后期，这个假扮区就可以转化成儿童想象的任何地方，如医生的诊室、邮局、书店、餐厅等（如图 7-3 和图 7-4）。

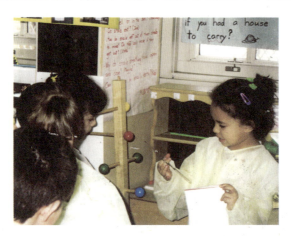

图 7-3　假扮区变成了医生的诊室

图 7-4　假扮区变成了一家餐厅

100

一年级和二年级学生仍然喜欢假扮型玩耍，我们可以在教室中设置一个指定区域进行此类活动。你可以考虑准备一篮道具，让他们可以在任何开放空间富有想象力地使用这些道具进行即兴创作。你可以在学年开始时提供不同的道具，如用于制作服装的不同面料、过家家用的碗碟、一两个娃娃，还可以加入听诊器、卷尺或放大镜。当儿童使用这些道具玩耍时，他们无疑会建议添加其他材料。随着时间的推移，你可以根据儿童的特殊兴趣、课堂探究需要或儿童的阅读需求量身定制适合你们班儿童的道具篮。

### 空间和位置

你必须做出的第一个决定是教室里是否会有专门的空间用来进行假扮型玩耍。如果答案是肯定的，那么下一个决定就是在哪里设置假扮区。一定要记住：这是一个非常活跃的活动区，尤其是在幼儿园。如果假扮区面积太小，活动的可能性就会受到限制，儿童在活动中也会彼此受到干扰。儿童需要足够的空间进行富有成效的互动式玩耍，同时在不打扰教室中安静区域的情况下进行对话和活动。如果能将活动区设在不妨碍教室交通的地方就最好了。

如果你允许假扮区的孩子与教室中其他活动区角的孩子进行互动，那么关注假扮区与其他活动区角的距离也是很有用的。积木搭建区和假扮区之间存在着绝好的互动机会，将它们安排在彼此相邻的位置可鼓励更多有趣的互动。例如，有一天当我的幼儿园学生正在进行桥梁研究时，我在积木搭建区竟然发现了食物模型和银质餐具。这种混乱的场景让我非常生气！然而在调查研究之后，我发现假扮区的儿童正在进行与"餐厅"有关的玩耍，他们决定把咖啡和蛋糕拿给隔壁的工作人员——那些正在搭建桥梁的"工人们"。这种类型的互动提升了儿童之间的谈话水平，同时揭示出他们对真实生活中有关"咖啡时间"和"餐馆送餐"的理解。

由于假扮型玩耍通常会以各种原因涌入教室中的其他区域，所以请记住：即使你为假扮区指定了活动空间，其活动边界问题也经常是可以协商的。我的班里曾经有一组儿童在假扮区玩耍时决定假装要去海滩。他们离开了假扮区，将我们集会区的地毯变成了沙滩，还在那里铺上毯子，开始野餐。当他们要求玩沙滩球时，我犹豫了一下，但还是决定给他们一个小的橡皮球。我提醒他们"沙滩球"需要留在"沙滩"上，然后就走开了，因为我相信他们一定会遵守规则。我对他们认真玩耍的信心远远超出了告诫他们要遵守"不能在教室里扔球"的规则。

如果你确定没有足够的空间建立永久性的假扮区，那么最好的选择就是创建可以在任何空间使用的道具箱。我的朋友比尔·福尔布莱特觉得他的教室里没有足够的空间同时放置一个积木搭建区和一个假扮区，所以他把所有假扮区的家具都放进了学校的储藏室，然后去其他教室寻找别人不用的大型空心积木。他在班级集会区地毯旁边放了一个带帘子的低矮书架以容纳空心积木和一篮一篮的道具，这样班级集会区也可进行假扮型玩耍了（如图 7-5）。

图 7-5　将假扮区的材料和大型空心积木放置在班级集会区的地毯旁边，为积木搭建区预留出更多空间

### 家具、服装和道具

在许多教室中，假扮区配有从外面买回来的各种商业化水槽、炉灶、冰箱、小房子或小柜子等。然而，仅将此活动区用作家政服务中心会限制儿童探究的可能性：儿童的假扮型玩耍不必总与"家庭"联系在一起。儿童能够非常有创意地将这些家具变成他们可以想象的任何东西，例如，用白纸盖住炉灶，它就成为兽医的办公室或医院的检查台；熨烫板可以很容易地变成商务办公室前台接待员的办公桌；小房子或小柜子也可能变成餐厅服务员的接待站。除了传统的小家具外，你可以考虑让儿童使用大型空心积木。儿童可以使用那些大型积木甚至大型空箱子创建出剧院、飞机或带有烤箱、桌子和柜台的比萨店（如图 7-6）。最后，值得一提的是，儿童喜欢看自己在镜子中的影像，特别是当他们用服装装扮自己时，所以一面完整的、不会被打破的镜子将是假扮区中很有价值的活动材料（具有反射性能的聚酯薄膜也是一个很好的选择）。

图 7-6 儿童在温迪·索耶(Wendy Sawyer)
的幼儿园教室里建了一个堡垒

和任何活动区角一样，过多的道具可能会让儿童感到压力，他们用起来可能也会缺乏专注力和谨慎感。在新学年开始的时候，最好为儿童提供一些他们在校外非常熟悉的道具。以下是一些基本道具准备的建议：

- 塑料碗碟、杯子和餐具；盆子、罐子或平底锅；桌布。
- 儿童尺寸的扫帚、簸箕和拖把。
- 适合男孩子和女孩子的装扮服饰(请一定准备衣架、挂钩和篮子。学年开始时先少放几件衣服，等儿童完全明白如何爱护和使用那些衣服时再逐渐增添新的服饰)。
- 不同种类的布料，让儿童可自己设计和制作衣服(你会为他们创造出的作品大吃一惊)。
- 娃娃、婴儿床或小床、娃娃的衣服、小毯子。
- 钱夹和皮包。
- 钥匙串。
- 电话、旧手机、旧的电话簿。
- 便条簿和书写工具。
- 小行李箱和公文包。

随着学年的推进，你可能会根据儿童的兴趣和课程的调整添加一些新的道具并淘汰一批旧的道具。请邀请儿童推荐他们想要的道具并在图表上记录下那些建议。他们可以在艺术区亲手制作一些需要的道具，也可以在写作区制作适当的标志和海报。你也可以要求儿童帮你给家长和工作人员写信，请求他们捐款。

保持儿童积极参与和保证假扮区活跃运转的关键在于关注儿童的玩耍并确保该活动区能支持学生的探究兴趣。例如，我曾经教过的每一个儿童几乎都在假扮区玩过"餐馆"游戏。当看到儿童这一特殊兴趣时，你可以通过在班级集会中讨论餐馆体验、朗读有关餐馆的书籍和访问当地餐馆，鼓励儿童创造更加详细和现实的玩耍场景。另外，还要确保假扮区的道具支持儿童的探究兴趣。为了更好地支持与"餐馆"有关的玩耍，你可以在活动区准备以下一些道具：

- 围裙；
- 菜单、餐具垫、餐馆"营业"和"关门"标志、营业时间标志（这些标志可在写作区设计制作）；
- 食物模型；
- 桌布和餐巾纸；
- 一块白板：用于列出每日特价菜；
- 点餐记录纸；
- 托盘（也许能在学校餐厅找到）；
- 一篮有关烹饪或餐馆的书籍。

有时候，课堂探究会自然引至假扮型玩耍的发生，你需要再次调整道具以支持这样的玩耍和活动。例如，在实地参观考察一个消防站之后，假扮区可能就会变成一个消防站。你可以提供手电筒、塑料防火帽、塑料软管、手套、橡胶靴、有关消防站的书籍以及消防员和消防队的照片。儿童也可以自己制作道具，如消防员的斧头。我曾经看到儿童将擦手纸里面的卷筒一个个粘贴起来，然后涂上颜色，看起来就像消防员从高处滑下来时用的管子。

### 组织和管理

关于组织和管理，你要做的第一个决定是多少人可同时在假扮区玩耍。你需要考虑空间的大小和道具的数量。你也可以征求儿童的意见，听听他们认为"合适的"人数应该是几个。儿童对这一问题的思考可能会帮助他们在该活动区玩耍时更加谨慎、更加有针对性。

由于假扮型玩耍完全由儿童自发进行，产生冲突就在所难免。那些冲突通常与"角色"有关，如："我想做医生""不行，我要做医生"。当冲突发生时，重要的一点是老师不要立即介入，而是要等到完全有必要的时候才介入其中。请记住：儿童需要通过假扮型玩耍学习如何在不同社会情境中进行谈判和协商，如果成人总在第一时间介入儿童之间的冲突，帮他们解决问题，儿童则无法发展其谈判和协商技能。儿童处理争端的能力通常比我们想象的要强，这也是我们希望儿童不断学习和发展的领域。如果有机会看到儿童独立解决了问题和冲突，你要抓住这个完美的时机在集会时间与全班儿童分享。当然，你需要在适当的时候提醒儿童：如果花那么多时间争吵，你就失去了宝贵的玩耍时间！

另一个管理方面的问题是整理活动区。当儿童玩耍时，装扮衣服、餐具和娃娃无疑会散落在周围。如果让儿童负责整理活动区，你就需要为所有道具准备清晰的标记并提供便于取放道具的地方，你还要清楚地告诉儿童玩耍结束时必须把所有道具放回原处。如果儿童没有做好整理工作，你可以考虑在班会上共同谈论这一话题，让他们成为问题解决者并贡献自己的想法和建议。当儿童遵守自己参与制定的规则时，他们会觉得那些规则更有用也更有意义。

像之前提到过的，假扮型玩耍通常会以各种原因涌入教室中的其他区域。例如，如果教室里有一辆婴儿车，儿童肯定会推着它在教室里走来走去。如果你不希望看到儿童在假扮区之外的地方做这件事情，解决这一问题的方法之一是将需要大面积活动区域的道具拿走，如婴儿车。你可能也需要和儿童共同谈论这个问题，制定出一些相应的规则，如什么时候可以或不可以到假扮区以外的地方使用那些道具。

## 聚焦以探究驱动的活动区

一个一年级班级参与了有关当地医院急诊室的研究。许多有孩子的家庭在无须看急诊的情况下也经常使用这一设施，而非选择去看私人医生。在"选择时间"，儿童在积木搭建区重新创建了急诊室。他们首先共同绘制了一张等候室的图纸。这个等候室包含不同空间，有适合新生儿、幼儿、与自己年龄相仿的儿童、青少年以及他们的妈妈们使用的空间，也有适合爷爷奶奶等老年人使用的空间，然后他们使用乐高构建这个等候室。教室里的科学区和艺术区合二为一，儿童创制了一个真人大小的人体骨骼系统，并使用投影仪来研究 X 射线。

> 有些儿童问能否建一个医生的诊室并在里面玩"医院"游戏，于是老师将教室家具重新摆放，为假扮区腾出了足够的空间。儿童用参观急诊室时绘制的草图和拍摄的照片来指导他们创建这个诊室。他们用回收来的瓶子做药品容器并贴上标签；他们用白纸将一张桌子覆盖，做成检查床；他们还借用幼儿园小朋友的娃娃做他们的病人。
>
> 然后一些意想不到的事情发生了。医院里的孩子们时不时地冲过教室前往科学区，他们的宝宝在那里可以进行 X 射线检查，然后他们得到处方，回到医院，对婴儿骨折的地方进行修复。
>
> 这个班的儿童大部分是英语为第二语言的学习者。通过这些与医院有关的玩耍，他们使用新词汇，吸取之前参观急诊室的经验，在玩耍中相互合作，通过写作沟通想法，并不断创造、革新和想象！

## 启动假扮区

假扮区很容易在幼儿园启动和运转，因为儿童喜欢这种类型的玩耍，能自然地使用不同道具参与其中。如果活动区的设置富有吸引力，儿童有足够的空间在活动区走动或活动区包含有趣的道具，儿童将直接参与假扮型玩耍，无须老师提供介绍性的迷你课。一年级和二年级学生也可以直接参与假扮型玩耍，但你可能需要先等一等，看到他们有了一些共同的兴趣和经验后再启动这个活动区。阅读有趣的故事或开始一项社会学探究将使儿童获得很多有关假扮型玩耍的想法，你可以提供道具箱以支持他们的各种想法。

## 丰富及深化假扮区

通过观察儿童如何与他人互动、使用的语言以及他们在玩耍中如何使用道具和材料即兴创作，我们能够了解他们的思维和学习，并为创造丰富且有意义的课程提出新的想法。假扮型玩耍反映儿童对他们所经历的事情能作出自由和具有创造性的解释，也反映他们对真实的生活和故事书里的生活都有一定程度的认知和了解。

### 开启课堂讨论

丰富及深化这个活动区的最简单方法是与儿童讨论你在此活动区的

所见所闻，并帮助他们想象和探索新的可能性。例如，如果你注意到儿童很喜欢在活动区使用电话，你就可以在下一次班会上说："我注意到大家很喜欢用电话进行对话。那我们可以在电话桌上添加什么东西呢？关于如何找到需要的电话号码，你有什么好办法？如何记住电话里的信息？我们看看能否列出一个加入电话桌的新物品的清单。"当你邀请儿童做活动计划时，会有助于他们在实际玩耍时变得更有目的性和针对性。

### 介绍课堂研究项目

有一年，我观察到很多儿童假装成国王和王后。于是，我在课堂上提到这件事，引起了全班对国王、王后和城堡的热烈讨论。为了保持这种热情，我大声朗读了几个不同版本的灰姑娘的故事。在学校图书馆里，我发现了关于城堡的非小说类书籍，包括大卫·麦考利（David Macaulay）的《城堡》（*Castle*）一书。我将这些书收集在一个标有"关于城堡、国王和王后"的盒子里。由吉尔·艾格顿（Jill Eggleton）撰写的大书《国王的蛋糕》（*The King's Cake*）是那一周的分享阅读材料。儿童的兴趣像滚雪球一样增加。他们在积木区建造了城堡，还包括一条护城河。我们参观了曼哈顿上城的一座城堡式教堂——圣约翰大教堂。我们以前的实习老师做导游，为儿童介绍了各种建筑的特别之处。儿童对玫瑰窗和飞拱十分着迷。回到学校后，艺术区的儿童为他们搭建的城堡制作了扎染玫瑰窗。他们把两把椅子变成了宝座，并制作了皇冠。课堂研究就此诞生了。

在将假扮区的活动转变成大型课堂研究项目之前，我们需要采取一些重要的步骤：

- 用几天时间观察儿童并做观察记录，也可将部分儿童对话记录下来。

- 不要急于决定研究项目。等一等，看看某一特别兴趣是否会持续。

- 在班级讨论中分享你的观察。

- 评估儿童的兴趣和热情。

- 如果儿童热情高涨，意味着他们可能想要更多地了解某一主题，然后可以相应地装备假扮区。

- 进行具体的可能性规划：需要的材料、可能的旅行、书籍、跨学科学习的机会、儿童可能问到的问题、处理教学目标的方式以及将阅读和写作相融合的机会（当然，你不需要涵盖所有内容，但这样的规划将帮助你更好地做出探究计划和准备）。

• 留出一些时间让大家的想法沉淀。让儿童与同伴或家人讨论各自的想法并在第二天分享自己的意见或建议。

• 如果第二天回来后儿童的热情仍然高涨，那么你们的课堂研究项目就可以正式启动了！

### 增添道具箱

一年当中，在冬季感到情绪低迷并不罕见，尤其是在冰雪和寒冷天气阻碍了户外活动的情况下。你的学生和你可能都会变得紧张和急躁，这时你需要在课堂上加入一些新的和令人兴奋的东西。添加用于假扮型玩耍的道具箱可能就是一个不错的解决方案。

首先，邀请儿童想象一些假扮型玩耍场景并将他们的想法记录下来，然后为每个相关场景准备一个道具箱。你可能已经有一些材料了，但可能还需要从其他教室借用一些材料，你也可以让儿童从家里带材料来或让他们在艺术区自己制作道具，然后请他们为每个箱子贴上标签并装饰外箱，以清楚反映里面有些什么。

预先做个警告：道具箱的添加经常会引致假扮区新的管理问题。如果4个儿童选择在该区域活动，他们需要达成共识——可以打开哪个箱子，可以玩哪些道具。为防止新的管理问题发生，你可以通过角色扮演的方式在班级集会中演示如何选择道具箱。在围绕角色扮演的讨论中，请鼓励儿童制定一些处理冲突的简单规则。

### 将读写和数学融入假扮型玩耍

将阅读、写作和数学融入假扮型玩耍十分简单，这也是丰富和深化假扮区的绝佳方法，具有无限的可能性。

### 阅读和写作

• 确保有笔记本、便利贴和书写工具。

• 准备不同种类的铅笔、圆珠笔和记号笔。

• 创建一个班级电话簿，包括每个孩子的照片、电话号码和住址。把电话簿放在玩具电话旁边，还要放一些记事贴，以记录通话信息。

• 鼓励儿童创作适当的标志或标牌。

• 加入一些杂志。儿童经常看到父母或看护人员阅读杂志。

- 提供一篮适合儿童阅读的书籍。

- 加入地图：儿童可以从一个新的视角看待"旅行"。

- 在"医生的诊室"提供夹纸的书写板，便于医生记录病人信息（如图 7-7）。

- 在"邮局"提供用过的邮票、放大镜、用于制作邮票和信封的纸以及用于收纳鞋子的袋子，可以用那个袋子做信箱。

- 提供对讲机和电话，支持儿童的语言发展。

- 在"超市"张贴通告并提供优惠券。

图 7-7 一个儿童在假扮区做记录，
这个活动区已经变成了"医生的诊室"

**数 学**

- 在活动区加一个平衡秤，尤其当儿童进行与"超市"相关的玩耍时，这个平衡秤非常有用（之前要演示如何使用平衡秤）。

- 儿童在进行与"商店"或"餐馆"有关的玩耍时，可加入收银机和假钱。

- 提供一个卷尺（可以把卷尺粘在墙上，因为很多家长在家里用此方法记录孩子的身高）。

- 在"医生的诊室"加一个测量身高和体重的秤。

## 从观察中学习

因为儿童的假扮型玩耍可以在想象力的驱动下不分时间、地点天马行空地进行，所以你对儿童全方位的观察可能会受到限制。你需要以一个更宽的视角来观察玩耍中的儿童，而不是像在阅读角或科学区那样，观察的视角比较单一和集中。在瑞吉欧·艾米莉亚举办的一次学术会议上，他们介绍了一个用于观察儿童的实用工具模板。这个工具在任何情况下观察儿童时都很有用，用在假扮型玩耍中效果尤其突出。下面显示了老师在观察孩子（本章开头课堂实录中的孩子）之后填写的表格。

你只需要几分钟时间即可记下观察结果和儿童在玩耍时的简短对话。在备课期间或儿童放学之后，你可以反思这些观察结果并计划下一步的教学方案。你也可以在年级会议上与其他老师分享你的观察记录。与同事讨论你的想法并制定后续教学方案，将有助于你更好地解读儿童的行为和语言，并促进有关假扮型玩耍的重要性的有趣讨论。

日期：2009 年 1 月 14 日
活动角：假扮区（医生的诊室）
观察的儿童：艾瑞琳、杰夫和马修

这三个孩子都是英语作为第二语言的学习者。杰夫在家讲克里奥尔语；艾瑞琳和马修的母语是西班牙语。

| 观察 | 对观察的反思 | 下一步计划 |
| --- | --- | --- |
| 艾瑞琳穿着假扮区的衣服，将自己装扮成假扮型玩耍中的角色。她试着在穿上高跟鞋之后保持平衡。杰夫穿着一件白色衬衫，胸前挂着听诊器。 | 皮亚杰将语言看作儿童表达对周围世界理解的口语形式。 | 下一次，我要加入马修的小组，帮助他参与玩耍和对话。 |
| 艾瑞琳把她的婴儿娃娃给杰夫，然后说："我的孩子死了。"她假装哭泣。杰夫在记录单上写着什么。 | 尽管艾瑞琳和杰夫对英语的掌握能力有限，但他们能够运用足够的语言来表达他们对这一情境的理解。 | 我还考虑到是否需要与那些英语为第二语言的孩子们进行一些小组讨论，如朗读之前读过的一本书、谈论这本书并把书中的故事表演出来。这样，我就有机会示范一些有用的语言表达方式，同时孩子们也有机会在老师的帮助 |

续表

| 观察 | 对观察的反思 | 下一步计划 |
|---|---|---|
| 　　杰夫告诉艾瑞琳他会把孩子救活。他假装在娃娃的胳膊上打了一针。<br><br>　　杰夫说："好了，现在你的孩子活过来了。"<br><br>　　马修没有参与玩耍。他在一旁观看艾瑞琳和杰夫的互动。 | 　　马修很安静。我想知道他是因为害羞还是英语能力不够，因而无法表达自己。由于他几乎没有参与玩耍，我不能确定他是否理解这一情境和活动。 | 下于小组中练习运用这些语言。 |

## 对假扮区的教学干预

　　就像之前提过的，儿童在假扮区玩耍时一定会出现一些问题。大多数情况下，你希望站在后面，让儿童自己解决问题。当你真正决定要介入的时候，请认真思考如何提供帮助。一些有用的做法包括：问儿童开放性的问题或示范一个儿童需要的策略，但我们的目标不是提供给儿童一个写好的剧本或完全控制和指挥儿童的玩耍。儿童要面对和解决的问题范围很广，下面的教学干预表展示了两个例子，你可以从中体会适当的教学干预可以如何进行。请特别注意每个干预策略是如何在解决问题的过程中引发更多假扮型玩耍的。

### 教学干预表

| 对情境的观察 | 可能的干预策略 |
|---|---|
| 　　一个孩子不断在活动区爬来爬去，同时学狗叫，让其他小朋友惊慌失措。 | 　　对这个孩子的玩耍进行指导，同时让其他小朋友也加入讨论。你可以问："一个家庭需要做些什么来照顾好他们的小狗？"你要提供纸、蜡笔或铅笔，让孩子画出小狗需要什么以及家人应该做些什么来照顾好他们的小狗。 |
| 　　婴儿娃娃散落在活动区的地板上。 | 　　捡起一个娃娃，放在自己腿上，问小朋友："关于如何照顾宝宝，你们知道些什么？"把孩子的回应一一记录下来——简单文字加上简单图画即可。然后你可以说："现在我要把你们这些好的想法都挂出来，因为关于如何照顾宝宝，你们知道得这么多。现在我们把地上的娃娃都捡起来，把它们照顾好。"还有一点需要注意：在假扮区放太多娃娃将导致孩子对这些道具不在乎、不关心。 |

对我而言，任何东西都能变成数学。

——勒内·笛卡尔(René Descartes)

# 第八章　数学区

一组幼儿园学生在数学区将一盒可拼插的小立方体放到桌子中间。他们两人一组，每组学生都在尝试将 10 个小立方体拼插在一起。

迈克问："我应该怎么做呢？"

大卫回应道："用黄色和紫色的。不对！这个不应该放这儿！"迈克将大卫连在几个黄色小立方体上的一个蓝色小立方体拿走。大卫把 9 个黄色的小立体连在一起，边连边数，然后迈克将一个紫色小立方体与 9 个黄色的小立体放到一起。

杰瑞米对杰娜说："你放 5 个红色的，然后……"但是，杰娜打断了他并用自己的方式解释道："放 5 个红色的，然后继续放蓝色的，并数到

10……6、7、8、9、10。明白了吗?"

在桌子的另一边,乔治拿了一些蓝色和黄色的小立方体,开始一个蓝色一个黄色地拼插起来,直到他的同伴泰德阻止了他。泰德说:"不要两种颜色交替放。先放所有蓝色的,再放黄色的。"他们一起将6个蓝色的小立方体连起来。然后泰德说:"现在再放5个黄色的。"他加了5个黄色的小立方体,然后两个人又开始一起数。乔治发现他们的小立方体太多了,于是拿走了一个黄色的,然后两人再次重新开始数。

学年初期,这6个小朋友虽然刚刚开始尝试在数学区共同探索一些想法,但他们已经开始使用"儿童在富有激励性的数学课程中能够学到的最重要的那些语言……思维的语言、验证的语言和确认的语言"(Lee & Ginsberg,2009,p. 40)。在数学区,儿童自己决定选择哪些数学材料及如何使用它们。他们可以创造具美学价值的美丽图案,练习富挑战性的数学游戏,运用已有的数学知识设计自己的游戏和活动。随着时间的推移,这种自由探究可从以下几方面对儿童提供支持:

- 学习谈论自己的想法(我通过数我的手指做加法)。
- 学习验证自己的答案(我知道这是一个三角形,因为我看到它有三条边),并提出证明意见(这个不可能是圆形;这个图形只有直线)。
- 练习口头沟通一些数学概念,这比记住一些数学事实更重要。

当然,他们还会学习一些重要的技能。数学技能在人们生活中的方方面面都十分必要,不仅在技术、科学或工程方面,而且是在要求分析性思维的所有领域(Duncan et al.,2007)。美国数学教师学会(National Council of Teachers of Mathematics)指出:为幼儿园至二年级学生提供的数学课程应该具备三个重要特质。通过这样的优质课程,儿童必须学会:

- 创造并运用替代性工具来组织、记录、沟通数学想法(如图8-1);
- 通过选择、运用、翻译替代性工具来解决数学问题;
- 运用替代性工具来示范和解读物理、社会及数学现象。

为了提供高质量的数学教学以实现《美国公共核心课程标准》(Common Core Standards)和美国数学教师学会(National Council of Teachers of Mathematics)的数学标准,学校管理者可以为幼儿园至小学低年级学生广泛选择不同的数学课程,如新加坡数学、美国TERC研究机构提供的数学课程、每日数学（Everyday Math）等。我们的问题是：一个"以玩为基础"的探究性数学活动区如何融入这些课程标准？任何数学课程都可以为老师和儿童提供多种创新和探究机会，尤其在学年后期，当儿童对数学课程和数学探究活动区都有了丰富的经验之后。数学区是进行这些创新和探究的完美场所。

你选用的任何数学课程都可在数学区获得补充和延伸。例如，纽约市的一些学校使用"加油！数学！"（Go Math!）课程。如果学习的焦点是通过多种方式展示一个数字，这可能会成为数学区的一个探究项目。你可以鼓励儿童设计自己的数字游戏。你可以加入空白卡片、纸、铅笔、转盘、骰子、数字图表、数

图 8-1  杰克把不同形状放在一起，看起来像一条船，他写道：我拿了一个看起来像三角形的形状

字轴线和其他不同材料来支持这一数字探究。为了进一步深化学习，你可以在"选择时间"结束时在班会上邀请儿童分享他们的游戏或他们发明的数学活动。

一个充满活力的、活跃的数学区所起的作用远不止于支持和采用某个数学课程。与数学相关的玩耍使儿童能够自主决定他们如何使用学习和探究材料，这有助于培养他们对数学的归属感和自信心。当儿童逐渐开始参与更抽象的数学学习时，拥有数学自信并理解与形状、图案和数字相关的基本概念十分重要。在本章开篇的教学实录中，使用那些小立方体有助于儿童理解数学概念，并使儿童在转向更抽象计算的过程中对数学学习充满信心。

自由探索数学材料也有助于发展儿童的数学推理能力。例如，一个儿童可能想知道如果将几个三角形组合在一起会发生什么情况。发现自己可以用三角形组合成一个正方形之后，她可能会概括出 4 个全等三角形有时可组合成正方形的概念。然后你可以通过给她纸和蜡笔记录自己的发现来进一步推动她的学习。在这个简单且有趣的探索中，儿童通过

几个重要的步骤完成数学推理——探究、推测（做出一个猜想）、概括出一个概念并展示自己的发现。

图 8-2　在数学区玩"跳房子"

## 数学区的设置

许多数学探究机会隐含在数学区中，例如，儿童测量不同成分来制作面团或寻找几个较小的积木块以使其长度等于较大的积木块。玩沙子和水可以支持儿童对数字守恒的理解。数学区尤其有助于儿童关注那些支持数学概念学习和发展的材料。

就空间和位置而言，数学区几乎可以设置在教室的任何地方。你所需要的只是一个带桌子的空间，以使 4～6 个儿童可以一起工作。你还需要一个存放数学教具和学具的地方，最好是在数学区附近的架子上，但只要材料被安全存放，儿童几乎可以将它们带到教室的任何地方。

### 材　料

当考虑数学区所需要的材料时，请记住极简主义建筑师密斯·凡德罗（Mies van der Rohe）的座右铭：少即是多。尤其在新学年刚开始时，提供过于丰富的材料可能会令儿童无所适从并阻碍他们做出深思熟虑的选择。

你可以为数学区提供商业化和非商业化材料，并将这两类材料在一学年中轮换使用，以保持儿童的探究兴趣。学年伊始，我们需要专注于那些鼓励儿童自由探究的材料。之后，这些材料通常会与你的数学教学相关联，你也可以让儿童帮忙决定在数学区对哪些材料进行探究。

　　以下是一些可在学年伊始介绍给儿童的商业性材料。虽然大多数一年级和二年级学生已经熟悉这些教具或学具，他们仍然需要花一些时间在学年开始时进行自由探究。

- 古氏积木(Cuisenaire)；
- 具有不同属性的积木(Attribute blocks)(这些积木特别有趣，因为它们有四种不同的属性——形状、大小、厚度和颜色各不相同，如图8-3 和图 8-4)；

图 8-3　作为建筑研究的一部分，二年级
学生用不同属性的积木设计了一栋房子

- 几何板和橡皮筋(Geoboards and geobands)；
- 图形积木(Pattern blocks)；
- 拼插式小立方体(Unifix cubes)；
- 钉板和钉子(Pegboards and pegs)；
- 算盘(Abacus)；
- 纸和铅笔(用于记录信息)。

　　新材料会引起儿童更多的兴趣，使数学区恢复活力并引发新的理解和探究活动。当你考虑添加新材料时，要清楚地知道自己希望儿童理解哪些数学概念。在《关于数学教学》(*About Teaching Mathematics*，2007)一书中，玛瑞琳·伯恩斯(Marilyn Burns)提供了一些非常有价值的背景信息，这些信息将帮助你决定要添加哪些新材料，何时介入儿童的探究活动进行观察并提出建议以及哪些类型的建议和挑战更加适合你所带的

116

图 8-4 测量不同属性的积木

儿童。

在儿童探索了基本的数学材料之后，你可以添加以下补充材料，从而在学生准备就绪的情况下深化他们的探索和学习。这些材料包括：

- 骰子；
- 七巧板；
- 来自数学课程的相关游戏；
- 点阵纸和彩色铅笔（用来设计用于几何板的图形）；
- 绘图纸和彩色铅笔；
- 棋盘游戏；
- 多米诺骨牌；
- 扑克牌；
- 旋转指针和计数筹码；
- 尺子和卷尺（有助于制定蓝图和计划）；
- 放大镜（用于探索硬币上的铸币日期）；
- 各种秤（平衡秤，厨房秤，浴室秤）；
- 时钟（数字时钟和带长短针的时钟）；
- 嵌入式积木或拼图（Tessellation packs or puzzles）；
- 折东西用的纸；
- 棋子（如果儿童看起来准备好了，可以提供国际象棋）；
- 不会碎的镜子（镜子要足够大，应该可放置在图形积木下面，非

117

常适合学生以新视角观察图案或设计）。

还有许多有效的非商业材料可以支持各类数学探索。基本上，任何可以计算、分类或测量的东西都是不错的选择。以下是一些材料举例：

- 钥匙（房地产工作人员和锁匠经常有很多钥匙需要清理掉）；
- 扣子（所有尺寸、形状和颜色的扣子，如图 8-5）；
- 橡树果；
- 布料或织物方块（来自布料或织物样本目录）；
- 瓶盖和软木塞；
- 贝壳；
- 硬币；
- 旧游戏板（用白纸重新覆盖）；
- 牙签、夹子、扁木棍（用于非传统测量及其他用途）。

图 8-5　儿童在数学区将扣子分类

### 组织和活动规则

数学区的所有材料和存放材料的架子都应该以某种方式贴上标签，以便儿童知道在哪里可以找到他们需要的东西以及活动结束后应该将东西放回哪里。在幼儿园，老师可以在适当的层架区域放置图片。当儿童即将结束幼儿园的生活或一年级刚刚开始的时候，通常会练习写单词，这时你可以引入"为房间贴标签"活动，让儿童为那些图片添加文字标签。随着儿童的拼写越来越准确，请将那些打印版的标签替换成儿童手写的新标签。他们将在这样的标签替换过程中获得更强的主人翁意识，并能获得实用的写作技能训练。

　　通常，儿童在使用数学区时不需要很多规则或指导。如果材料合适并且已在班级会议上介绍过，儿童应该能够在学年开始时独立使用数学区。某些教具或学具在使用过程中可能会引起混乱，例如，有些儿童无法独立摆动彩色链环或拖动它们。如果你怀疑某些材料可能会在玩耍时对学生造成困扰，请为此类材料的使用制定明确的规则，或者不要将它们用于自由或自主探究活动。

## 启动数学区

　　无论你教哪个年龄段的儿童，最好让他们花一段时间在数学区进行自由探究。虽然每个年级的儿童都会在自由探究活动中受益，但随着年级增高，探究的复杂程度也会越来越高。在幼儿园阶段，许多新材料会令儿童兴奋不已，因为他们对那些材料完全不熟悉，如具有不同属性的积木、图形积木、几何板等。一年级和二年级学生将重复使用在幼儿园用过的那些材料并尝试探索一些新材料，如沙漏计时器和厨房计时器、吸管和连接器（用于小块的面团效果很好，如图 8-6）、一组五格骨牌（Pentominoes）。花时间熟悉并重新使用各种数学材料并对那些材料进行自由探索，可以帮助儿童为以后更复杂的探究活动做好充分的准备。

图 8-6　用黏土和牙签在数学区建造不同结构

在学年伊始启动数学区时，请从简单之处着手。你可以在全班集会时介绍不同的数学材料，但每次只介绍一种材料。当你简要示范了一种特定学具的不同使用方法之后，请给所有儿童机会进行尝试。经过几分钟的探索和尝试之后，你需要与儿童讨论他们的观察结果并在图表上记录下来。很重要的一点是：对儿童使用这些材料的所有想法都能持开放态度！全班集会之后，你可以在数学区添加新的学具并让儿童自己进行实验。通过观察和聆听他们的早期探究状况，你将收集到很多重要信息，如儿童的数学理解能力如何、他们如何互动及他们如何分享信息。

图形积木是启动数学区的极好的材料，因为它们极具吸引力且易于使用，儿童可以通过各种不同方式探索它们，并且无须太多的额外支持。在《数学：图形科学》（*Mathematics：The Science of Patterns*）一书中，卡斯·德威林（Keith Devlin）将数学定义为"对自然界或人类心灵中产生的图形模式的研究，这些图形模式可能是真实的，也可能是想象出来的，可能是视觉模式，也可能是心理模式"（1997，p.6）。儿童在数学区的大部分探究活动会自然倾向于对图形模式的探索，这也是用图形积木启动数学区的另一个重要原因。

在观察儿童探究图形积木的过程中，你可以快速了解儿童的已有知识、技能和兴趣，如：约瑟夫正在按颜色将不同形状进行分类；玛芮古德将不同的形状按图形分组；约书亚似乎对太空和火箭飞船了解很多，他正在使用所有可用的形状来创建一个精细的宇宙飞船。通过观察和提问，你将了解到很多关于儿童对形状和图形的理解状况：

- 他们如何使用积木？
- 他们是从分类开始的吗？
- 他们是把一块积木叠在另一块积木的上面吗？
- 谁在用不同形状制作图画？
- 儿童彼此谈论他们的图形还是在没有任何同伴互动的情况下独自工作？
- 他们能说出不同形状的名称吗？

观察和提问还可以告诉你何时应该加入新材料和新挑战。在观察儿童使用图形积木的过程中，比尔·福尔布莱特注意到儿童已经准备好了将当前的探究活动进行深度扩展。当时，他们的班级正在进行有关"游乐场"的研究，比尔给儿童提出了一个新的挑战：用图形积木建一个游乐场。儿童兴奋地合作建造了他们心目中的游乐场。在建造过程中，他们运用了自己对游乐场的了解以及之前所学过的有关不同形状的知识（如图8-7）。

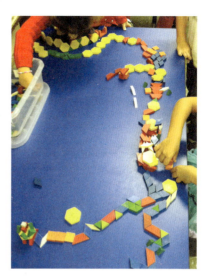

图8-7 用图形积木建一个游乐场

## 将数学区与数学教学相结合

在学年开始的时候，儿童在数学区用不同材料做很多"以玩为主"的探究和实验，但在之后的幼儿园和一年级学习生活中，他们开始将这种探究与课堂上学过的数学内容相结合。例如，在幼儿园开始的时候，儿童可能在探索古氏积木过程中不会想到太多与数学内容的联结（如我要做一条紫色的蛇），但之后他们可能用相同的材料以更加复杂的方式参与探究活动（如我用10块橙色的积木块做了一条蛇，我们看看哪条蛇用到了更多的积木块）。

学年之中，儿童将在数学区获得很多机会自由探索数学材料，并找到独特的方式使用那些材料。然而，随着时间的推移，数学区的材料和玩耍应该促进儿童探索他们在数学课上正在学习的东西。儿童在发展其数学理解能力和问题解决策略时，喜欢练习在课堂中介绍过的游戏和活动，例如，儿童可能会开始玩你在数学时间引入的游戏，通过观察，你可能决定引入一种新材料或建议一个新游戏。你也可以将数学区活动与其他学习和研究项目联系起来。一年级学生在学习"钱"这一主题时，可以探索各种不同的硬币并学习一些新的硬币游戏。他们可能会通过放大镜仔细查看硬币的细节，根据这些细节对硬币进行分类，并将观察结果绘制成图表。你可能正在鼓励他们成为未来的硬币收藏家——钱币学家！

许多数学课程会示范使用计算器进行快速计算。儿童在数学区可能会使用计算器和新的计算技能来玩像"打败计算器"这样的游戏，其中两个孩子将数字问题卡片翻过来，比赛看谁能先给出答案：是使用计算器的孩子还是使用心算的孩子能更快地解决问题呢？

当儿童学习"大于"和"小于"概念并同时发展他们的数字概念时，他们可能会使用这些新学到的技能进行"数字排除"游戏。"每日数学课程"

称这个游戏为"怪物排除"（Monster Squeeze）。这个游戏的玩法是：一个孩子想出一个数字，其他学生使用数字轴线或数字图表来猜测这个数字，他们会尝试询问一些问题，如："它是否大于 10?"和"它是否小于 50?"儿童最终排除其他数字，直到他们真正接近那个神秘数字。儿童玩这个游戏的次数越多就越能提出更好的"大于"或"小于"问题！那些对你的数学课程充满支持的数学区活动，将开辟许多在整个学年中使用各种不同材料来探索数学概念的有效方法。

## 聚焦以探究驱动的活动区

凯蒂·鲁斯特（Katie Rust）和安德鲁·麦斯丁（Andrew Mastin）的一年级班和他们学校的其他一年级班都在研究"市场"这一主题。老师和孩子们多次前往当地市场。孩子们采访了市场里的工人，并记录了他们的观察和经历。然后，一些意想不到的事情发生了。

转折点发生在曼哈顿的一个大型农贸市场。孩子们从来没见过那样的市场。他们惊呆了！收款机在哪里？传送带在哪里？为什么市场里没有任何过道？

带着这些问题，老师走近一个蔬菜摊并邀请摊上的农民与孩子们交谈。农民解释了农产品如何在他的农场里种植以及他和他的帮手们如何收获庄稼。他的解释引入了新的词汇和概念，并引发了来自这群 6 岁儿童的更多问题。虽然有些孩子曾经在动物园参加过农场动物展览，但没有一个孩子去过真正的农场。

回到教室后，孩子们都很兴奋。他们渴望更多地了解农场和农产品，所以凯蒂和安德鲁安排孩子们去参观了一个农场和当地的菜园。在获得这些经历之后，许多新的探索区不断发展出来，其中大部分是由孩子们建议提出的。他们创建了一个种植区、一个蠕虫和堆肥区，还有一个特别的活动区：孩子们使用市场销售传单来比较不同商品价格并决定在哪里购买食物最经济实惠。在假扮区，孩子们使用故事板创编了一个市场剧并表演出来。在积木搭建区，孩子们用白板设计了一个市场，然后花了一周时间建造市场并贴上标签，市场还包括一个装卸码头。在缝纫角，孩子们为一个真人大小的农民模型设计并制作衣服(如图 8-8 至图 8-10)。

　　我参观那个教室的时候，孩子们非常愿意和我分享他们的选择活动。他们尤其为那个真人大小、穿着完整衣服、站在教室正中央的农民模型感到骄傲！

图 8-8　收集土壤

图 8-10　制作一个真人大小的农民模型

图 8-9　学习使用缝纫机为农民做衣服

## 丰富及深化数学区

　　学年后期，很多基于数学联系的有趣创新在数学区发生，数学区成为一个非常令人兴奋的地方。丰富及深化数学区的可能性几乎是无穷无尽的，因此你需要考虑自己所教的孩子和他们的兴趣以及特定年级的课程，以确定哪些内容对你们的活动区角最有意义。以下是我在丰富和深化数学区过程中的一些成功想法和尝试。

### 创建棋盘游戏

当儿童玩棋盘游戏和纸牌游戏时，他们对数字序列、前后概念、大于和小于概念会有更深入的理解。他们还了解了谨慎运用策略的重要性。在数学区，儿童有很多机会学习各种游戏的策略和规则，如棋盘游戏（跳棋和象棋）、纸牌游戏（"钓鱼"）、计算器游戏（"击败计算器"）和猜测游戏（"猜猜我的规则"）。在这一阶段，你可以试着鼓励儿童在一些熟悉的游戏中进行创新。

为了支持儿童创编自己的棋盘游戏和纸牌游戏，你可以先根据他们喜欢的书或与课堂学习相关的研究项目广泛收集一些游戏点子，例如，参与一年级数学区的孩子根据《波普先生的企鹅》（*Mr. Popper's Penguins*）一书创建了一个棋盘游戏，这也是老师为他们朗读过的一本书。一旦孩子们为自己的游戏选好了主题，请为他们提供空白游戏板、空白卡片、书写工具（记号笔、铅笔、彩色铅笔）、骰子、空白转盘和计数用的塑料片。请鼓励儿童关注游戏规则是如何设计的，然后为自己的游戏制定规则。也许他们可以创建一个游戏指令清单。请让游戏发明者与其他儿童分享他们的游戏，回答别人提出的问题，并将新游戏添加到数学区。请鼓励那些难以理解游戏规则的儿童寻求游戏发明"专家"的帮助，真正学会玩那些游戏。

### 写数学故事和数学问题

在回忆录《天空不是极限》（*The Sky Is Not the Limit*，2004）一书中，奈尔·德葛拉司·泰森（Neil de Grasse Tyson）分享了一个朋友教他编写脑筋急转弯的故事。那些脑筋急转弯短小精悍，迂回曲折，充满智慧。对于那些准备好了使用数学和写作技能创编数学难题的二年级学生来说，这可能是一个非常具有挑战性的数学活动。你甚至可以将儿童创编的数学问题汇编成数学问题图书！

### 开展问卷调查

设计和开展问卷调查可将儿童置于复杂的学习环境中。他们必须合作列出需要调查的重要问题并谨慎措辞；他们会发现仔细进行数据记录的必要性；他们有机会在真实情境中练习计数并运用计数符号数数和记录数字。下一步，如果他们能使用收集到的信息来创建图表，这些真实的制图经验则可以帮助他们理解图表中的重要信息。

　　你们可以全班一起讨论问卷调查过程，讨论一个好的问题应具备哪些属性。如果儿童建议调查这样一个问题："你最喜欢哪个口味的冰激凌，香草的、草莓的或巧克力的？"你可能会说："我最喜欢开心果口味的。我想知道是否还有其他小朋友喜欢不同口味的冰激凌？"最终孩子们会明白需要给出一个表示"以上都不是"的"其他"选项或者需要重新编写问题。然后，你需要用特别的计数符号记录被调查的儿童的反应，将数字相加，再决定如何将调查结果展现出来。你可以与儿童一起创建图表并邀请他们解释图表上的信息。

　　在全班一起讨论和练习之后，你可以鼓励数学区的儿童创编自己的调查问题（如图 8-11），收集和记录数据（如图 8-12），并通过图表展示这些信息（他们会使用图片、名称或颜色来展示信息吗？）。

图 8-11　一名儿童设计了一份调查问卷来收集班级同学最喜欢的颜色

图 8-12　做调查问卷

　　你还要鼓励儿童找到分享信息的方法。他们可以写一个调查结果概述，或在班会上引领一场小组讨论，或想一些其他方法。你可以在数学区展示与调查结果相关的图表及任何书写作品（这样的问卷调查活动需要几个"选择时间"时段才能完成）。

**测量：我的脚有多大？**

　　年龄较小的儿童，尤其是幼儿园的孩子（甚至一些一年级学生）仍然在试图搞清楚大小的关系。如果听到幼儿园孩子将一个物体描述为"大到和____一样"，这并不罕见。例如："我的爸爸太大了，就像一个巨人！""测量我的脚有多大"这项活动使儿童有机会使用各种材料来描述他们脚的长度。儿童首先将一只脚的轮廓画在厚纸上，然后将脚的轮廓剪下来。他们还可以使用自己选择的任何非标准材料来测量他们脚的大小，如曲别针、铅笔、小立方体、珠子等。儿童首先写下他们猜测的数字，然后进行实际测量。他们的预测将随着经验增加而变得越来越准确。

儿童使用的非标准材料越多，他们对尺寸关系的理解就越深入。他们开始意识到：与使用纽扣作为测量工具相比，测量相同的脚的大小所需要使用的吸管数量则更少；或者他们需要更多的曲别针来测量脚的大小，若使用管道清洁器作为测量工具则所需数量较少。通过这样的活动，他们对长度和物体之间的关系便有了更深入的了解。

### 折 纸

即使从最简单的层面上看，当儿童参与折纸项目时，他们也有识别形状和图案的经验。他们折叠并展开纸张，一个个复杂的几何设计图案便显现出来（请参见网页 www.paperfolding.com）。他们可以寻找不同的形状。一共能找到多少个三角形？他们能找到正方形吗？他们是怎么折出这些形状的？年龄大一点儿的孩子还可能通过折纸发现形状和颜色的规律。

在日语中，origami 一词被翻译成"折纸"。儿童将一块方形的纸折成不同的形状以制成纸质的雕塑，如帆船、鸟或昆虫。很多简单的折纸书籍可以供儿童使用，也可以从互联网上下载图形。在这个过程中，儿童学习分数（当他们折叠纸张时）并增加他们的数学词汇（对角线、对称、交叉平面）。他们通常需要一些折纸方面的指导，这有助于鼓励他们之间互相帮助，有时他们还担任小老师的角色。当他们掌握折纸艺术时，会获得巨大的满足感！

### 制作游戏面团

制作游戏面团的过程实际上包含了许多不同的技能。当儿童测量不同的成分时，数学因素被显著地展示出来。在我的教室里，每个星期一都有一组孩子为这一周制作一批新的面团。我使用了无须烹煮的面团配方，因为我希望孩子们能够在整个过程中将手掌浸入面粉，全程参与制作过程。一张使用了简单图片和仅仅几个单词的食谱图即可勾画出面团制作的基本步骤（图 8-13 展示了另一位老师的配方图）。

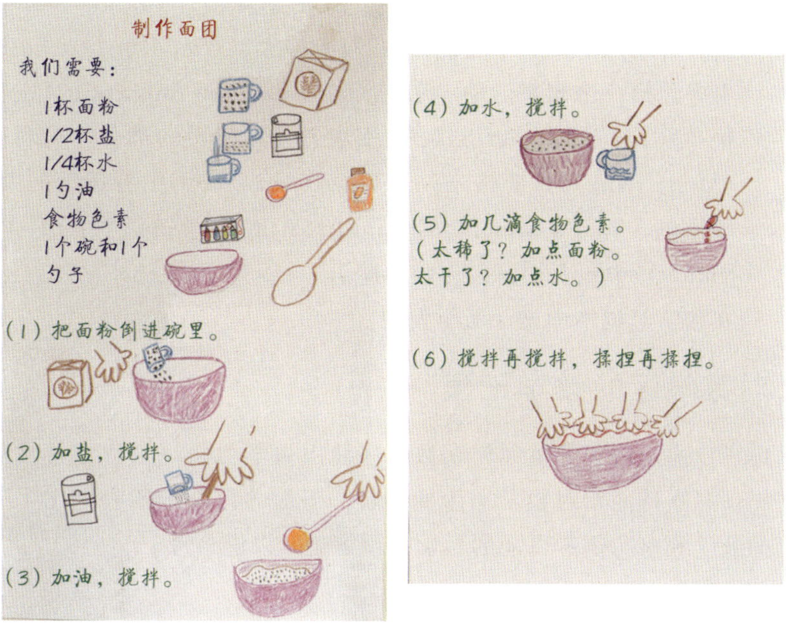

图 8-13　克妮的面团制作配方图

面团制作区应该在一年中不断发展。起初，儿童会对成分的不同质地感兴趣，并观察加水后干燥成分会发生哪些变化。刚开始时，你可能只用水制作面团而不着色，之后孩子们可以每周在面团中添加不同颜色的食用色素。他们可以尝试添加香料制作芳香的面团，添加沙子制作坚韧的面团或加入亮片制作闪亮的面团。在学年的后几个月里，儿童应该能够使用他们写过的配方及小碗、杯子、勺子等工具自己制作面团。如果你给儿童拉链袋，他们可以在袋子上写上自己的名字并把面团和配方一起带回家。

### 运用读写技能

儿童需要各种识字技能来传达他们在数学方面的知识和能力。通过读写来丰富数学区可包括以下一些内容：

- 使用各种图表来组织和解释数学发现。
- 学习和理解如何使用新的词汇。
- 遵循指令。
- 阅读与数学探索相关的文本。例如，阿诺德·洛贝（Arnold Lo-

127

bel)所著的《青蛙和蟾蜍》(*Frog and Toad*)一书中有个名为《失落的按钮》的故事，故事中带有一个"猜测规则"的游戏。罗尔夫·麦勒(Rolf Myller)所著的《一只脚有多大》(*How Big Is a Foot*)一书中包括一个测量活动。米克·英克彭(Mike Inkpen)的《宠物大拍卖》(*The Great Pet Sale*)一书中有使用硬币的部分。莫利·班(Molly Bang)的《纸鹤》(*The Paper Crane*)一书中有折纸的内容。詹尼尔·马丁(Jannelle Martin)的《ABC 数学谜语》(*ABC Math Riddles*)中包含如何制作数学谜语。

- 在数学笔记本中记录数学发现。

## 对数学区的教学干预

你可以通过观察儿童如何在数学区使用数学材料以及提出挑战和问题来干预和支持儿童对数学概念的理解。下面的教学干预表列出了一些典型的教学观察示例和可能的教学干预策略，以供参考。

### 教学干预表

| 对情境的观察 | 可能的干预策略 |
| --- | --- |
| 托比和詹姆士各自用图形积木进行项目设计。他们并肩工作，但相互间没有互动。 | "托比，我在想你能不能在几何板上复制詹姆士的设计方案？然后你们可以交换位置，詹姆士可以复制托比的图案。之后告诉我你做得怎么样。" |
| 琳达和凯拉正在玩井字棋(tic-tac-toe)。她们杂乱无章地在格子里画 X 和 O。你觉得她们应该学习如何有计划、有策略地画 X 或 O。 | "琳达、凯拉，我几分钟后会回来看你们玩这个有趣的游戏。可能在我回来的时候，你们能与我分享为什么把 X 和 O 放在不同的格子里。我等不及想知道你们运用了哪些策略！" |
| 孩子们在数学区看起来没有认真和有目的地选择数学材料。你在想是否数学区对他们已没有新鲜感了。 | "我们在数学区应该加些什么材料以使这个活动区更具挑战性？"（你可以问数学区的孩子，也可以问全班孩子。） |
| 迈利克和纳尔森正在用古氏积木进行设计和创造。你们在数学课上已经讨论了对称概念。你希望他们将当前的设计与学过的对称概念相结合。 | "迈利克、纳尔森，你们能用这些小镜子找到这些图案的对称图形吗？" |

续表

| 对情境的观察 | 可能的干预策略 |
| --- | --- |
| 　　孩子们正在尝试运用不同方式将小立方体放到一起组成数字"10"。你想挑战学生将自己的想法表达出来，从而加深他们对概念的理解和思考。 | 　　"你能用三种不同的方式展示出数字'10'吗？你有办法将这些方式记录下来吗？" |
| 　　几个二年级孩子正在玩一堆硬币。他们看起来很不专心，将硬币挪来挪去。 | 　　"我在想，你们能不能用放大镜找到一些信息帮助你们以新的方式重新给这些硬币分类？" |
| 　　一年级孩子正在使用几何板和橡皮筋进行设计和创作，并谈论着他们创建的分数。你们在数学课上已经学过"一半"的概念。你想挑战孩子打破陈规，发掘一些更复杂的"一半"设计方案。 | 　　"你们觉得能用曲线将几何板分成两半吗？如果你知道怎么做，请把你的想法画在绘图纸上。你可以在全班集会上分享自己的想法。我们会把你的记录放在数学区。" |

　　经缜密思考过的观察和具有挑战性的问题，可将儿童对数学材料的探究和理解提升到更高水平。我们希望能在大班教学、儿童独立探究以及老师给予儿童数学支持这三者之间建立有效的联系，这种联系将确保儿童真正参与到有目的性和有针对性的数学学习之中。

　　我花了四年时间学习像拉斐尔一样画画，却花了一辈子时间学习像孩子一样画画。

——巴勃罗·毕加索(Pablo Picasso)

# 第九章　艺术区

　　曾在加利福尼亚州卡布里洛学院(Cabrillo Colleage)教授艺术工作室课程长达 34 年之久的艺术家霍德华·艾克蒙托(Howard Ikemoto)一直记得与他女儿的这次对话："当我的女儿大约 7 岁时，她问我我的工作是什么。我告诉她我在大学教书，我的工作是教人们画画。她盯着我，不相信我说的话，然后问道：'你的意思是他们忘记怎么画画了？'"(Butler，2016)

　　就像艾克蒙托的女儿如此纯真地提醒她的父亲一样，儿童是天生的艺术家。我的艺术家丈夫西蒙·迪纳斯坦(Simon Dinnerstein)将艺术定义为"对生活的强烈个性化、趣味性、诗意和超越的回应"。儿童在艺术区可以用无数方式表达他们对生活的反应。一个 4 岁小朋友用蜡笔画出的旋涡圈圈线代表了一个关于海滩之旅的故事。在开阔的天空中绘制一个明亮的橙色太阳传达出欢乐与活力。一座用彩纸建构的小房子则被称作"家"。

当我们采用一个广义的概念来定义"文学"（超越阅读和写作），包括通过艺术表达自己时，我们就为儿童开辟了进入读写世界的新途径。米开朗基罗和毕加索都没有对学校或学术产生兴趣：米开朗基罗沉迷于绘画和雕塑；毕加索才华横溢，以至于在 14 岁时就被巴塞罗那著名的美术学院录取。这并不是说我们不应该教所有儿童阅读和写作，而是强调重视儿童的个性和独特的艺术天性非常重要。对于一些儿童来说，对其艺术体验的认可和自豪感可以帮助他们自信地面对课程中更具有挑战性的领域。

艺术区或艺术工作室让儿童无须带任何风险和焦虑去探索各种艺术材料并尝试多种技能。儿童应该将艺术区视为一个实验场所，不必一定要创造出一种能挂在墙上的产品。安迪·沃霍尔（Andy Warhol）是一位打破了许多传统美术规则的艺术家，他曾经说道："艺术家所生产的东西无须人人拥有。"（Randolph，2011）

当儿童像艺术家一样探索时，他们会养成许多重要的思维习惯。在《艺术边缘：儿童在右脑世界中获得成功所需的七项技能》（*The Artistic Edge：Seven Skills Children Need to Succeed in an Increasingly Right Brain World*）一书中，丽莎·菲利普斯（Lisa Phillips，2012）讨论了以下几种不同的认知技能和艺术习惯：创造力、自信心、问题解决、坚持精神、非语言交流、专注力、接受建设性反馈的能力、合作、奉献和责任。尽管这些技能在所有活动区角都能获得支持，但它们在艺术区尤其重要，在这里，儿童的自尊与他们对艺术成就的骄傲紧密相关。

艺术区也是儿童练习新艺术技能的场所：使用剪刀、提高黏合技术、学习令纸张折叠、卷起和起皱的不同方法。儿童将决定用你提供的材料"做什么"及"怎么做"。当他们剪切、绘画和制作雕刻时，你的支持和鼓励将支撑他们日益增长的自信心和独立性。

纽约市教育局承认各种艺术形式在儿童教育中的重要性并创造了艺术蓝图。这一蓝图承认视觉艺术的价值，并为各种视觉艺术的学习设定了基准。朱迪思·柏顿（Judith Burton）教授对幼儿园至二年级的艺术基准做出了如下描述：

> 幼儿是活跃且生气勃勃的探险家。艺术图像可捕捉到他们的物理和感官发现……艺术创作成为运用想象力的重要激励因素。（Burton，2015，p. 4）

图 9-1　在艺术区用纸制作一个手提包

## 艺术区或艺术工作室的设置

罗杰·斯洛德（Roger Thérond，2001）将西班牙艺术家胡安·米罗（Joan Miró）的工作室描述为"是精心组织的"。他解释说："那些画笔的运用由他的个人规矩和习惯来决定。他根据自己的感受画画……米罗可以在任何时候随心所欲地创作他想要的东西。"（p. 104）米罗的艺术工作室让人想起约瑟夫·坎贝尔（Joseph Campbell）对工作室的如下描述："（工作室）是一个具有创造性的孵化器，你可以在那里简单地体验艺术并展示出你是什么以及你可能成为什么。"（1988，p. 92）

教室里的艺术工作室必须支持每个儿童的"个人规矩和习惯"，因此，仔细思考该活动区如何最好地支持儿童十分重要。

### 空间和位置

艺术区不是一个嘈杂或活跃的活动区，你不必担心它的位置，你需要一些空间。用于绘画的双面画架被认为是艺术区的标准配置，如果你能拥有至少两个画架就最好了。你需要问的第一个问题是："我在哪里可以放置独立的画架？"如果地面空间有限，你也可以在墙上安装画架，或者用厚塑料布覆盖墙壁的一部分并在上面贴上大纸（这种方法尤其适合创作壁画）。

从事艺术项目的儿童需要很大的空间来放置材料。将两张桌子连在一起应该能提供足够的工作空间。在桌子上铺盖塑料浴帘将防止蜡笔、胶水和颜料弄脏桌子。你需要考虑在画架下面的地板上也放一块塑料布。

如果你的教室里没有为艺术区提供的专用空间，这里还有其他选择。驻校艺术工作室（studio in a school）是一家将专业艺术家派往纽约市各学校的组织，该组织与儿童和教师合作，共同开发高质量的艺术体验。艺术家帮助教师使用简单易学的模板创建艺术工作室。工作室其实只需要一个小书架来容纳艺术材料（如图 9-2 和图 9-3）。

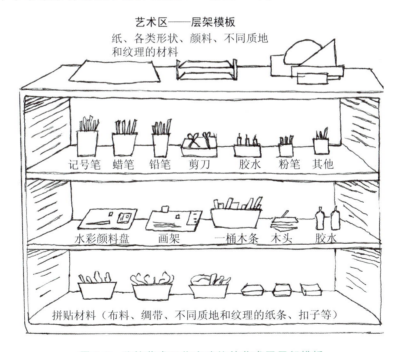

图 9-2　驻校艺术工作室建议的艺术区层架模板

书架底部摆放着各种拼贴材料——布料、纽扣、衣服上的装饰亮片、再生材料、不同颜色和不同纹理的纸条。书架的第二层有托盘和水彩颜料、杯子、刷子和海绵，还有一桶木头。书架上层有记号笔、蜡笔、铅笔、粉笔、胶水和剪刀。大纸放在书架的顶部。

图 9-3　艺术区一角

一个密封的用于放置黏土的容器和黏土板（旧木制拼图的背面是很好的替代品）在书柜旁边的地板上，相邻的篮子里还有塑料桌布。

**作品展示**

仔细思考教室的布局和氛围是支持儿童早期艺术创作的第一步。你可以展示早期美国棉被和编织品的图片、美洲原住民艺术、非洲雕塑、杰克逊·波拉克（Jackson Pollock）的滴墨画、考尔德（Calder）的空间立体艺术、莫奈和凡·高的花卉作品等。儿童在艺术区应该受到各种艺术形式的启发。一篮艺术明信片和其他类型的复制品也是完美的展品。这些艺术图像是艺术史的早期介绍，能让儿童了解艺术家历经探索的各种可能性并邀请他们成为艺术界的成员。

你也可以考虑展示一篮关于艺术和艺术家的书籍，以鼓励儿童欣赏专业人士使用的艺术技巧。你可以经常在旧货店或庭院旧货市场找到咖啡桌书籍，上面满是著名艺术家的画作。儿童也喜欢阅读有关艺术家的故事，所以请考虑添加以下这些推荐的书目：

• 李欧·李奥尼（Leo Lionni）的《小蓝和小黄》（*Little Blue and Little Yellow*）《自己的颜色》（*A Color of His Own*）和《马修的梦想》（*Matthew's Dream*）

• 克罗格特·约翰逊（Crockett Johnson）的《阿罗有支彩色笔》（*Harold and the Purple Crayon*）

• 埃伦·斯托尔·沃尔什(Ellen Stoll Walsh)的《老鼠作画》(*Mouse Paint*)

• 米歇尔·马克尔(Michelle Markel)的《亨利·卢梭的奇幻丛林》(*The Fantastic Jungles of Henri Rousseau*)

• 维多利亚·查尔斯(Victoria Charles)的《文森特的色彩》(*Vincent's Colors*)

儿童还可以在艺术区使用一篮入门书籍帮助他们学习特别的技巧。以下是一些建议的书目：

• 艾德·安伯利(Ed Emberley)的《艾德·安伯利的动物绘画书》(*Ed Emberley's Drawing Book of Animals*)

• 迈克·阿泰尔(Mike Artell)的《儿童漫画书》(*Cartooning for Kids*)

• 安德鲁·迪尤尔(Andrew Dewar)的《颜色和拼贴折纸艺术》(*Color and Collage Origami Art*)

• 埃莉诺·温特斯(Eleanor Winters)的《儿童书法》(*Calligraphy for Kids*)

• 根·布来克本(Ken Blackburn)的《儿童纸飞机书》(*Kids' Paper Airplane Book*)

• 特里·泰勒(Terry Taylor)的《玩黏土》(*Clay Play*)

• 苏珊·施瓦克(Susan Schwake)的《儿童三维艺术实验室》(*3-D Art Lab for Kids*)

## 材 料

即使你已经为艺术工作室预留了大面积空间，也最好能保持工作室的简洁性。重要的是，能有计划地提供清晰、有吸引力和有趣的材料并定期轮换。与大多数活动区角不同，艺术区的材料需要持续护理和补充，因此你需要一个补货计划。你可以邀请儿童帮忙制定材料照护时间表。

虽然很多材料可以在艺术区轮换使用，但有些材料需要永久存放在那里：

• 削好的铅笔；

• 蜡笔(买优质的蜡笔是值得的，它们画出的颜色更加生动和浓密)；

• 剪刀(可以通过在泡沫塑料方块或翻过来的大罐子上戳孔来建一

个剪刀架）；

- 胶水；
- 胶带；
- 水彩颜料（我让幼儿园孩子在开学第一周使用蜡笔画画，直到我演示了如何使用和清洗毛笔之后才让他们使用水彩颜料）；
- 不同厚度的刷子，让孩子们尝试各种彩绘线条；
- 罩衫工作服；
- 不同尺寸和颜色的纸；
- 大张报纸；
- 白色绘图纸。

新材料可激发儿童对艺术区的新兴趣。法国神秘象征主义画家奥迪隆·雷东（Odilon Redon）曾经写道："艺术家经常屈服于能够传递他们精神的刺激物。"（Ernst，2014）介绍有趣或美丽的材料，特别是在自然界中发现的东西，如玫瑰花瓣、树枝和美丽的鹅卵石（如图 9-4），可能会激发出新的、意想不到的创意。如果儿童准备好了，请随时添加或轮换更复杂的材料。以下提供一些选择的可能性。

图 9-4　在艺术区探索小树枝

- 绘图工具：提供彩色铅笔、粉笔、书法墨水笔和油画棒。

• 手指画涂料：对于儿童，手指画是一种感官体验。因为他们用手和手指，他们也在加强精细动作技能。由于手指画画纸价格昂贵，你可以让儿童使用可清洗的手指涂料直接在桌子上涂画，然后使用任何类型的纸张来捕捉图像。虽然它看起来有些杂乱，但儿童可以很好地挖掘并自由表达自己。如果他们不喜欢自己绘制的图画，还可以擦掉它并重新开始！

• 油画颜料：将颜色选择限制在白色、黑色和三原色，让儿童发现如何通过混合三原色创造出新的颜色。大多数画架有一个较低的架子，可以用来存储这些颜料。

• 湿法绘画：在用海绵润湿的纸上画水彩画，能创造出一种颜色相互融合的效果。

• 蜡笔水彩绘画：在白色蜡笔绘制的图画上画水彩画，能使蜡笔图像看起来神奇无比。

• 壁画纸：壁画纸特别适合团体绘画项目并支持课堂学习和探究（如社区中的装饰画）。

• 木屑和商业木制品：可将这些材料用于三维结构和组合创作。

• 订书机。

### 在艺术区应遵守的规则

"尊重"是最重要的规则——每个人都需要认识到艺术工作的严肃性，并以恰当的方式对待艺术和艺术家。有些儿童能画出极为复杂的修饰画作，有些儿童喜欢尝试不同的颜色和形状。欣赏、尊重所有艺术家和所有艺术形式是儿童需要学习的重要态度，而且应该成为持续的班级讨论话题。李欧·李奥尼（Leo Lionni）的《马修的梦想》（*Matthew's Dream*）是一本非常理想的绘本，在开始关于如何欣赏新的艺术形式和如何通过艺术了解一个人的讨论之前，老师可为儿童朗读这本书。

尊重艺术材料和材料组织也十分重要。儿童需要知道不能浪费纸，水彩笔用完后要盖好盖子，必须要把毛笔洗干净并放回盛笔的容器，用完颜料后要拧紧瓶盖。与此相关，儿童还要尊重艺术区的材料组织，理解把材料正确放回原处的重要性，以便于其他儿童能轻易找到他们需要的东西（如图9-5）。最后，儿童使用剪刀和订书机时的安全问题也不容忽视。我们需要具体地教儿童如何使用那些工具并给他们机会练习。儿童需要学习在不用剪刀时要用手攥住剪刀的尖头部分，以免无意中刺伤别人。

图 9-5　透明盒子可帮助儿童独立组织艺术区的材料

## 启动艺术区

启动艺术区时，你需要从一个有吸引力的刺激物开始。我经常使用较大的向日葵（插在花瓶里或放在桌子上）或美丽的贝壳启动我们的艺术区。伴随着这样的艺术展示，你可以同时加入一篮不同艺术家相关艺术作品的复制品，包括一些现实派和抽象派作品。实物展示所带来的美感和各种各样的复制品，将吸引儿童创作自己的艺术作品。弗朗西斯卡是我的一个幼儿园学生，现在已经大学毕业了。她至今还记得第一天上幼儿园的情景："我真的很担心。我以前从未长时间离开过父母。但当我坐

图 9-6　专注地使用水彩颜料

138

在你为我准备好的桌子旁边并开始临摹一朵向日葵时，我知道自己在幼儿园会过得很愉快。我站起来，亲吻了我的父母并和他们说再见，然后他们就离开了。"

图 9-7　尝试新的探究材料　　　图 9-8　试验不同的颜色

　　当在艺术区添加任何新材料时，你都需要在班级集会上介绍这些新材料。请展示如何使用新的艺术技巧而不需要展示一件完整的作品。你要让儿童自己弄清楚如何在艺术创作中使用那些技巧，然后为全班儿童提供时间和机会练习使用那些新材料，并分享各自创造的艺术作品。例如，如果你要添加记号笔，请向儿童展示如何盖好记号笔的盖子，并让他们听到盖子盖好时的声音，然后给每个儿童一支笔进行练习。添加胶水时，你首先要演示如何使用少量胶水将纸或布料粘到拼贴画上，然后让全班儿童帮你制作拼贴画以使每个人都获得使用胶水的经验。当使用纸条制作纸质雕塑时，请向儿童展示使用纸条的各种技术——将其折叠成扇形或围绕蜡笔旋转以使其卷曲。请鼓励儿童努力尝试并发明自己的折叠或旋转纸条方式，然后展示如何将其粘贴到衬底纸或另一条纸带上，涂上胶水后要将纸按住并数 20 下，以使其黏附牢固。不能牢固粘在一起的纸质雕塑会令人非常沮丧。

## 聚焦以探究驱动的活动区

在艺术区，黛娜·洛斯(Dana Roth)的幼儿园学生为他们可以混合的各种颜色而着迷。黛娜首先推出红色、黄色、蓝色、白色和黑色颜料。当孩子们发现可以将那几种颜料混合而创造出紫色、绿色、粉红色和橙色之后，黛娜挑战他们看能否使用这些颜色创造出不同的色调。孩子们对他们创造的不同色调越来越有兴趣。来自其他活动区角的孩子们也开始停下来看什么事情让艺术区如此令人兴奋。该活动区的受欢迎程度在不断增加。

接下来黛娜向孩子们提出新的挑战，看他们能否弄清楚制作每种颜色需要多少颜料。她建议孩子们创建一张图表来展示他们如何制作新颜色，如多少红色与多少黄色混合可制作出深深的橙色？使用哪些颜色及每种颜色使用多少能制作出淡淡的绿色？孩子们在创建图表过程中还运用了数学和读写技能。

在孩子们接受了新挑战几天之后，黛娜带来了一大盒蜡笔。她把所有的蜡笔都撒在桌子上，孩子们争先恐后地尝试了许多颜色。黛娜建议孩子们看看那些颜色的名称，然后开始为他们读出不同的颜色：火红色、紫色、南瓜橙色。孩子们给了黛娜越来越多的颜色，这样他们就能听到所有不同的颜色名称。黛娜大声问道："嗯，我想知道你的图表上有哪些不寻常和有趣的颜色名称？"这激起了孩子们的颜色命名狂潮！他们的图表上很快就充满了各种有趣(甚至是可笑)的颜色名称。孩子们在班级集会上分享了各自的图表之后，黛娜向他们保证，只要他们有兴趣，该活动区就会继续保持开放状态。

## 丰富及深化艺术区

### 介绍新的艺术形式

任何时候向艺术区添加新材料时，你都为儿童设置了一个新舞台，以帮助他们像艺术家一样发现许多丰富的探究可能性。除了材料之外，为儿童介绍新的艺术形式也十分重要。例如，拼贴是一种特殊的艺术，儿童可能没有经历过或尝试过，可能也不会想到要自己创作。壁纸书籍样本是拼贴的绝佳原料。装饰店也是很好的书籍来源，装饰店的主人或经理通常会有可免费提供的已停产的书籍样品。编织是另一种艺术形式，可提供诸多创意的可能性。儿童可用不同种类的纸编织，然后再引入其他编织形式，如展示手指编织、木签编织和使用刺绣箍编织（你可以使用呼啦圈进行集体编织项目）。缝纫也是一种引人入胜的艺术形式（如图 9-9）。

图 9-9　一个小朋友用毛线、织物和网格创作一件艺术作品

### 将艺术与班级探究主题相结合

在学年期间，艺术区的探究项目可以与课堂学习相关联，例如，研究社区概念和社区物理构成的班级可能会创建一幅社区壁画。

当研究人类和动物骨骼时，我的一个艺术区小组构建了一个人类骨骼模型。他们用混凝纸制作头部，还用盛鸡蛋的草纸盒做脊椎骨，用胶泥做椎骨间的软骨层，用木钉和冰棍棒做其他骨头，完成了骨骼模型的躯体。之后，他们还给各身体部位制作了名称标签（如图 9-10）。

类似的情况也发生在我带的一年级班级。儿童正在研究乌龟（乌龟是他们的班级宠物），他们使用艺术区的材料以不同方式创建乌龟形象：有的使用黏土，有的则选择将乌龟画出来（如图 9-11 和图 9-12）。

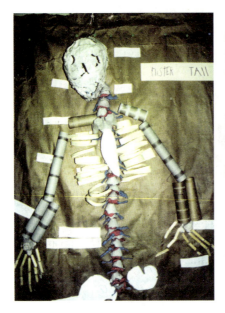

图 9-10　一个很高的人

图 9-11　制作乌龟泥塑

图 9-12　画一只乌龟

### 将文学融入艺术

在艺术工作室进行精细和敏锐的观察有助于培养儿童的视觉素养——"阅读"图像和符号的能力及如何使用图像传达意义（Edwards，2010）。发展这一素养十分重要。随着时间的推移，儿童应该越来越熟悉形状、线条、纹理和图案等艺术术语。这种增加的词汇量在支持儿童的智力和认知发展中起着重要作用(Tough，1976)。

当儿童按照指引制作折纸或书法作品时，他们的阅读技能也获得发展。使用书籍研究新的探究项目和探索既定艺术家的艺术作品也能够支持儿童发展其文学素养。汤米·狄波拉(Tomie dePaola)的《艺术课》(*The Art lesson*)和李欧·李奥尼的《马修的梦想》(*Matthew's Dream*)等书籍以艺术为主题，可为艺术区提供精彩且丰富的内容。当然儿童自己也可以写关于艺术的文章。你可以考虑在艺术区提供"草图书"(几张纸订在一起)，并向儿童展示艺术家不仅绘制草图，还记录重要的词语和他们的观察，用来激发新的艺术灵感(如图9-13)。

图 9-13　艺术家西蒙·迪纳斯坦绘画本中的一页

## 对艺术区的教学干预

你对儿童艺术作品的回应方式是支持他们早期和更高级艺术创作的关键。你希望他们独立自信，就像在写作课上一样。你当然不希望他们事事依赖你的批准。

下表为你在常见情况下采取教学干预措施提供了一些建议。

### 教学干预表

| 对情境的观察 | 可能的干预策略 |
| --- | --- |
| 一个孩子问你觉得他的绘画或其他艺术作品怎么样。 | 你可以说："我非常好奇，想知道你在创作这幅有趣的图画时是怎么想的。"这样的回应将开启一段有意义的对话，而不是鼓励他依赖你的判断或批准。 |
| 一个孩子抱怨不知道下一步应该做什么。 | 不要直接告诉他应该做什么，而是问他："你觉得下一步应该做什么？" |

续表

| 对情境的观察 | 可能的干预策略 |
| --- | --- |
| 一个孩子制作了一件特别漂亮的艺术作品。 | 避免使用"做得真棒""真漂亮"这类泛泛而谈的赞美之词。请提供具体的反馈意见，如："我对那条橙色的线特别感兴趣。给我解释一下吧。"或者分享你的观察，如："我注意到你用了很多明亮的颜色。" |
| 孩子们正在大画板上以有趣的方式将不同颜色混合在一起。 | 注意到并支持孩子们正在进行的探究和试验。你可以说："你们把颜色混合在一起的方式真有趣！我想知道你们在把颜料混合在一起的时候能不能找到其他颜色。" |
| 从美学角度看，一个孩子创作的艺术作品完全不吸引你。 | 永远不要以消极的态度评价一件艺术作品。所有的艺术家（包括儿童）在分享他们的作品时都在暴露出他们内心深处非常敏感的部分。消极的批判将对他们造成长期的不良影响。 |

　　艺术工作室是儿童创造个人艺术作品的地方，那些创作灵感来自儿童的想象力。儿童还可以通过视觉艺术扩展他们的课堂探究项目。艺术是一种以视觉方式表达感受和想法的重要途径，那些感受和想法可能无法以其他方式进行交流和沟通。儿童在艺术工作室学习，正如法国艺术家埃德加·德加（Edgar Degas）所写的那样："艺术不是你所看到的，而是你让别人看到的东西。"

我完成了一件事情，但没有开始任何新的事情。这是不对的。
任何时候，当你完成一件事情时，都应该马上开始一段新的旅程。

——毛德·哈特·拉芙蕾丝(Maud Hart Lovelace)，
《深谷中的艾米莉》(*Emily of Deep Valley*)

# 结束语  继续前行——让孩子成为探究的主人

在秋天即将结束时，各个"选择时间"活动区角将会全面运作。当看到一切运转良好时，你可能会感到宽慰。现在，你的重点要从建立有趣和激励型活动区角转变为如何保持这些活动区角的生动性、吸引力和扩展潜力。你也正在从专注于发展良好的活动区角转向支持儿童的深度探究和玩耍。现在，你正在为儿童提供更大的自主权——他们努力探索自己感兴趣的主题并为自己的热情找到新的探究路径。

儿童将更加独立地使用各种材料并了解"选择时间"的运转程序。你会惊喜地发现当选择活动完全吸引儿童时，他们会表现出浓厚的兴趣和独特的个性。活动区角也会开始融入儿童不断增长的兴趣和想法。南卡罗来纳州探究中心的蒂姆·奥基夫(Tim O'Keefe)老师将调查、探究和发现描述为"心灵的习惯"(Mills，2015，p.40)。

儿童将开始更积极地创建新的活动区角，并扩大在现有区角使用材料的可能性。当一个班级在"选择时间"深入探究某一项目时，儿童的参与尤其明显。一个充满探究的教室将引起儿童的持续热情和兴奋。

"选择时间"活动区角可以为儿童提供个人探究的机会，激发他们想象出更多的探究可能性。当这种情况发生时，教室就变成了一个社区，在这里，儿童和教师"在社交、情感、个人和学术领域都会取得成功"

145

（Johnston & Ivey，2015，p.61）。

　　能够充分发挥儿童的好奇心和创造力并与他们一起走上终身学习的道路，这使得教育成为一份光荣且尊贵的职业。在《真正的学习》（*Learning for Real*）一书中，海迪·米尔斯（Heidi Mills，2014）提醒我们：当我们有机会"学习新事物、带着激情发展专业素养、与社区分享、与具有相同话题、运动或爱好的人一起学习时"（xix），我们会感到无比振奋。对探究式活动区角的热情和渴望，将使儿童的有趣探索成为你和你的学生都备感兴奋的愉悦体验！

# 附录一 活动区角设计工具表

| 活动区角名称： |
| --- |
| 设置此活动区角的原因： |
| 此活动区角的材料和设置安排：（你可能需要加入一张区角布局设计图） |
| 可加入哪些材料以支持此活动区角的探究？（在观察儿童如何使用此活动区角后再加入这部分信息） |
| 此活动区角与班级探究项目有哪些方面的联系？ |

# 附录二　活动区角观察和反思表

| 日期：<br>活动区角名称：<br>所观察的儿童： | | |
| --- | --- | --- |
| 观察 | 对观察的反思 | 下一步计划 |
| | | |

# 参考文献

［1］Ackerman，Diane. 2000. Deep Play. New York：Random House.

［2］Billmeyer，Rachel. 2009. "Creating Thoughtful Readers Through Habits of Mind." In Habits of Mind Across the Curriculum，edited by Arthur L. Costa and Bena Kallick，115-134. Alexandria，VA：Association for Supervision and Curriculum Development. http：//www. ascd. org/publications/books/108014/chapters/Creating-Thoughtful-Readers-Through-Habits-of-Mind. aspx.

［3］Brosterman，Norman. 1997. Inventing Kindergarten. NewYork：Abrams.

［4］Brown，Stuart. 2010. Play：How It Shapes the Brain，Opens the Imagination，and Invigorates the Soul. With Christopher Vaughan. New York：Avery.

［5］Burns，Marilyn. 2007. About Teaching Mathematics：A K-8 Resource. 3rd ed. White Plains，NY：Math Solutions.

［6］Burton，Judith. 2015. "Teaching the Arts to the Children of New York City."In Blueprint for Teaching and Learning in Visual Arts，Grades PreK to 12. 3rd ed. New York：New York City Department of Education. http：//schools. nyc. gov/offices/teachlearn/arts/files/Blueprints/VisualArts/Blueprint％20for％20Teaching％20and％20Learning％20in％20Visual％20Arts％20June％202015. pdf.

［7］Butler，Sandra. 2016. "Art Abounds at Creativity Festival."The Durango（Colo. ）Herald，March 17. Available at http：//www. durangoherald. com/article/20160317/COLUMNISTS54/160319610.

[8] Calkins, Lucy. 2000. The Art of Teaching Reading. Portsmouth, NH: Heinemann.

[9]Cambourne, Brian. 1988. The Whole Story: Natural Learning and the Acquisition of Literacy in the Classroom. New York: Scholastic.

[10]Campbell, Joseph. 1988. The Power of Myth. With Bill Moyers. New York: Doubleday.

[11] Cazden, Courtney. 2001. Classroom Discourse: The Language of Teaching and Learning. Portsmouth, NH: Heinemann.

[12] Chambers, Aiden. 1996. The Reading Environment: How Adults Help Children Enjoy Books. Portland, ME: Stenhouse.

[13] Cohen, Dorothy. 1988. The Learning Child: Guidelines for Parents and Teachers. New York: Schocken Books.

[14] Collins, Kathy, and Matt Glover. 2015. I Am Reading: Nurturing Young Children's Meaning Making and Joyful Engagement with Any Book. Portsmouth, NH: Heinemann.

[15]Colman, David. 2008. "Long Before Legos, Wood Was Nice and Did Suffice. "New York Times, February 10,11.

[16]Costa, Arthur, and Bena Kallick. 2009. Habits of Mind Across the Curriculum: Practical and Creative Strategies for Teachers. Alexandria, VA: Association for Supervision and Curriculum Development.

[17]Cullinan, Bernice E. 2007. Read to Me: Raising Kids Who Love to Read. New York: Scholastic.

[18]Dahl, Roald. 2001. Charlie and the Glass Elevator. New York: Random House Children's Books.

[19] Devlin, Keith. 1997. Mathematics: The Science of Patterns: The Search for Order in Life, Mind, and the Universe. New York: Henry Holt.

[20] Duncan, Greg J. , Chantelle J. Dowsett, Amy Claessens, Katherine Magnuson, Aletha C. Huston, Pamela Klebanov, Linda S. Pagani, Leon Feinstein, Mimi Engel, Jeanne Brooks-Gunn, Holly Sexton, Kathryn Duckworth, and Crista Japel. 2007. "School Readiness and Later Achievement. "Developmental Psychology 43(6):1428-1446. http://

dx. doi. org/10. 1037/0012－1649. 43. 6. 1428.

[21]Edson, Marcia Talhelm. 2013. Starting with Science: Strategies for Introducing Young Children to Inquiry. Portland, ME: Stenhouse.

[22]Edwards, Carolyn. 2010. "Three Approaches from Europe: Waldorf, Montessori, and Reggio Emilia."Early Childhood Research and Practice 4(1). Accessed April 9, 2016, http://www. childcarecanada. org/documents/research-policy-practice/10/10/three-approaches-europe-waldorf-montessori-and-reggio-emilia.

[23] Edwards, Carolyn, Lella Gandini, and George Forman. 1993. The Hundred Languages of Children: The Reggio Emilia Approach to Early Childhood Education. Westport, CT: Ablex.

[24] Ernst, Eric. 2014. "Art Review: Surfaces and Substances at Ille Arts." Retrieved from http://hamptonsarthub. com/2014/03/19/surfaces-and-substance-at-ille-arts/.

[25]Gadzikowski, Ann. 2013. Challenging Exceptionally Bright Children in Early Childhood Classrooms. St. Paul: Redleaf.

[26]Gardner, Howard. 2011. Frames of Mind: The Theory of Multiple Intelligences. New York: Basic Books.

[27]Glover, Matt, and Ellin Oliver Keene. 2015. The Teacher You Want to Be: Essays About Children, Learning, and Teaching. Portsmouth, NH: Heinemann.

[28]Harlen, Wynne. 2001. Primary Science: Taking the Plunge. 2nd ed. Portsmouth, NH: Heinemann.

[29]Hirsch, Elisabeth S. 1984. The Block Book. Washington, DC: National Association for the Education of Young Children.

[30] Hirsh-Pasek, Kathy, and Robert Golinkoff. 2003. Einstein Never Used Flashcards: How Our Children Really Learn and Why They Need to Play More and Memorize Less. New York: Rodale Books.

[31] Hirsh-Pasek, Kathy, Robert Golinkoff, Laura Berk, and Dorothy Singer. 2008. A Mandate for Playful Learning in Preschool: Presenting the Evidence. New York: Oxford University Press.

[32]Johnston, Peter, and Gay Ivey. 2015. "Engagement: A Hub of Human

Development. "In The Teacher You Want to Be: Essays About Children, Learning, and Teaching, edited by Matt Glover and Ellin Oliver Keene, 50-63. Portsmouth, NH: Heinemann.

[33] Kersétz, André. 1971. On Reading. New York: W. W. Norton.

[34] Lee, Joon Sun, and Herbert Ginsburg. 2009. "Early Childhood Teachers' Misconceptions About Mathematics Education for Young Children in the United States. "Australasian Journal of Early Childhood 34(4): 37-45.

[35] Meier, Deborah, Brenda S. Engel, and Beth Taylor. 2010. Playing for Keeps: Life and Learning on a Public School Playground. New York: Teachers College Press.

[36] Miller, Debbie. 2002. Reading with Meaning: Teaching Comprehension in the Primary Grades. Portland, ME: Stenhouse.

[37] Miller, Edward, and Joan Almon. 2009. Crisis in the Kindergarten: Why Children Need to Play in School. College Park, MD: Alliance for Childhood.

[38] Mills, Heidi. 2014. Learning for Real: Teaching Content and Literacy Across the Curriculum. Portsmouth, NH: Heinemann.

[39] ——. 2015. "Why Beliefs Matter. "With Tim O'Keefe. In The Teacher You Want to Be: Essays About Children, Learning, and Teaching, edited by Matt Glover and Ellin Oliver Keene, 30-49. Portsmouth, NH: Heinemann.

[40] Milne, A. A. 1957. The World of Pooh: The Complete Winnie-the-Pooh and The House at Pooh Corner. New York: E. P. Dutton.

[41] Milteer, Regina, Kenneth Ginsburg, and Deborah Ann Mulligan. 2012. "The Importance of Play in Promoting Healthy Child Development and Maintaining Strong Parent-Child Bond: Focus on Children in Poverty. "Pediatrics 129(1): 204-213.

[42] Mraz, Kristine, and Marjorie Martinelli. 2014. Smarter Charts for Math, Science, and Social Studies: Making Learning Visible in the Content Areas K-2. Portsmouth, NH: Heinemann.

[43] National Association for the Education of Young Children. 2012. The

Common Core State Standards: Caution and Opportunity for Early Childhood Education. Washington, DC: National Association for the Education of Young Children.

[44] Paley, Vivian Gussen. 1984. Boys and Girls: Superheroes in the Doll Corner. Chicago: University of Chicago Press.

[45] ——. 2007. "On Listening to What Children Say." Harvard Educational Review 77(2):152-163.

[46] Phillips, Lisa. 2012. The Artistic Edge: Seven Skills Children Need to Succeed in an Increasingly Right Brain World. Toronto: Artistic Edge.

[47] Pratt, Caroline. (1948)2014. I Learn from Children: An Adventure in Progressive Education. New York: Grove.

[48] Pulaski, Mary Ann Spencer. 1970. Understanding Piaget: An Introduction to Children's Cognitive Development. New York: Harper and Row.

[49] Randolph, Eleanor. 2011. "The Andy." The New York Times, May 13, A18.

[50] Robinson, Sir Ken. 2006. "Do Schools Kill Creativity?" TED Talks (podcast), February. Retrieved from http://youtu.be/iG9CE55wbtY.

[51] Sulzby, Elizabeth. 1971. "Assessment of Emergent Literacy: Storybook Reading." The Reading Teacher 44(7):498-500.

[52] Thérond, Roger. 2001. Encounters with Great Painters. New York: Abrams. Tough, Joan. 1976. Listening to Children Talking. London: Ward Lock Educational.

[53] Tyson, Neil deGrasse. 2004. The Sky Is Not the Limit: Adventures of an Urban Astrophysicist. New York: Prometheus Books.

[54] Quindlen, Anna. 1998. How Reading Changed My Life. New York: Random House.

[55] Venes, Donald. 2009. Taber's Cyclopedic Medical Dictionary. 21st ed. Philadelphia: F. A. Davis.

[56] Vygotsky, Lev. 1978. Mind in Society: The Development of Higher Psychological Processes. Cambridge, MA: Harvard University Press.

[57]Wood,Chip. 1996. Yardsticks:Children in the Classroom,Ages 4-14:
A Resource for Parents and Teachers. Greenfield,MA:Northeast
Foundation for Children.